Inhaltsverzeichnis

Vorwort	2
Über das Arbeiten mit diesen Materialien	3
Vorwort des Verlages	6
Schülerbeurteilungsbogen / Blanko-Auftragskarte	7
Übersicht über die Themenschwerpunkte	8
Übersicht über die zusätzlichen Angebote	9
Arbeitsblätter zu den Themenschwerpunkten	10
Arbeitsblätter zu den zusätzlichen Angeboten	50
Leistungsüberprüfung	61
Lösungen	63

Vorwort

Die tropischen Regenwälder stehen in der heutigen Zeit mehr denn je im Fokus des allgemeinen Interesses. Die zentrale Bedeutung dieses Lebensraumes wird durch die Medien in das Bewusstsein der Menschen gerückt. Neben seiner Funktion als Rohstofflieferant beeinflusst der tropische Regenwald auch das globale Klima. Wissenschaftler stoßen immer wieder auf bislang unentdeckte Tier- und Pflanzenarten. Einige dieser Pflanzen finden in der Medizin Verwendung. Aufgrund der rigorosen Ausbeutung der Regenwälder sind jedoch diese einzigartigen und vielfältigen Lebensräume bedroht.

Das Themenheft „Regenwald" bringt den SchülerInnen die faszinierende Tier- und Pflanzenwelt dieses Lebensraumes näher. Es stellt den Kindern unter anderem das Leben der Ureinwohner vor und erläutert, welchen Wetterbedingungen Menschen, Tiere und Pflanzen täglich ausgesetzt sind.
Neben der Artenvielfalt und dem Nutzen der tropischen Regenwälder für den Menschen wird auch die Bedrohung dieses einzigartigen Lebensraumes aufgezeigt.
Der Schwerpunkt dieses Unterrichtsmaterials liegt auf dem Fach Sachunterricht (bzw. Mensch, Natur und Kultur). Dabei werden verschiedene Aspekte der Umwelterziehung berücksichtigt. Mit diesem Themenheft bekommen die SchülerInnen eine Einsicht in die Vielfalt des Regenwaldes, werden aber auch zum problembewussten Denken und umweltbewussten Handeln angeregt. Darüber hinaus bieten die Zusatzthemen ein fächerübergreifendes Angebot für die Fächer Deutsch, Mathematik und Kunst.

Zur Differenzierung bietet jedes Thema drei verschiedene Schwierigkeitsstufen an. Sie sind an der Anzahl der Pfeilgiftfrösche erkennbar (= leicht, = mittel, = schwer).
Abschließend möchte ich noch auf die beiden Lernzielkontrollen mit unterschiedlichen Schwierigkeitsstufen hinweisen, die im Hinblick auf die Klassenstufen 1 und 2 konzipiert wurden.

Viel Spaß bei der Expedition in den tropischen Regenwald wünscht Ihnen

Gabriele Schickel

BVK TH31 • Gabriele Schickel • Themenheft „Regenwald"

Über das Arbeiten mit diesen Materialien

S. 19–22 „Pflanzen":
Während der Bearbeitung dieses Themenschwerpunktes werden die SchülerInnen mit dem Begriff „Regenwaldbaum" konfrontiert. An dieser Stelle möchte ich darauf hinweisen, dass sich dieser nicht auf eine Baumart bezieht. Vielmehr steht er stellvertretend für verschiedene Baumarten, die denselben Aufbau besitzen.

S. 33–35: Tropische Früchte und Nüsse:
Eine Vielzahl der bei uns im Supermarkt erhältlichen Früchte stammt ursprünglich aus dem tropischen Regenwald. Um diese mit allen Sinnen zu erfahren, bietet es sich im Anschluss an die Bearbeitung des Arbeitsblattes an, mit den Kindern einen „Geschmackstest" durchzuführen. Hierzu werden unterschiedliche tropische Früchte in kleine Stückchen geschnitten. Anschließend werden den SchülerInnen die Augen verbunden und sie versuchen, durch Schmecken zu erraten, um welche Frucht es sich handelt.

S. 41 / 42 „Jäger und Sammler":
Auf diesem Arbeitsblatt wird ein allgemeiner Überblick über die unterschiedlichen Gruppen von Ureinwohnern gegeben. Nach dem Lesen dieses Textes kann in einem Unterrichtsgespräch darauf hingewiesen werden, dass die Bewohner der Regenwälder keine homogene Gruppe darstellen. Vielmehr unterscheiden sie sich durch regionale Unterschiede, wie z. B. durch ihre Jagdwaffen und entsprechend des natürlichen Angebotes auch durch das Sammeln verschiedenartiger Früchte, Pilze und Beeren.

S. 60 „Wir basteln ein Indianerarmband":
mögliche Maße für die Perlen und das Lederband: Perlen: 8 mm, Lederband: 1 mm dick, ca. 40 cm lang

Weitere Ideen für den Unterricht

Einen Regenwald-Schaukasten basteln

Benötigte Materialien:
pro Kind ein breiter Schuhkarton, Wasserfarben, Pinsel, Schwämmchen, dickes weißes Zeichenpapier in DIN A4 (120–160 g), Bleistifte, Wachsmalstifte, bunte Pfeifenputzer (rot, gelb, orange etc.), kleine und dünne Stöckchen, getrocknetes Moos, Scheren, Flüssigkleber

Über das Arbeiten mit diesen Materialien

Bastelanleitung:

1. Die Kinder stellen die Schuhkartons quer vor sich hin und nehmen die Deckel ab. Sie bestreichen eine lange Seitenaußenwand mit Flüssigkleber und kleben diese auf den Deckel, sodass der Deckel zur offenen Seite des Schuhkartons vorsteht. Dann schneiden die Kinder die obere Seite ab.
2. Mit den Wasserfarben und den Schwämmchen werden alle Innenseiten – mit Ausnahme der Unterseite – grün angemalt. Die Unterseite wird braun eingefärbt. Anschließend werden die Farben trocknen gelassen.
3. Nun legen die Kinder ein dickes weißes Blatt Papier hochkant vor sich und zeichnen mit Bleistift einen großen Regenwaldbaum darauf, der mit Wachsmalstiften angemalt und dann ausgeschnitten wird. Der Regenwaldbaum wird an die hintere, grüne Innenwand des Schuhkartons geklebt. Er ragt über den Karton hinaus.
4. Anschließend zeichnen die Kinder kleinere Bäume auf das weiße Papier. Unten sollte sich an jedem Baum eine kleine, überstehende Lasche befinden, mit der die Kinder die Bäume anschließend auf dem Karton befestigen können. Die Bäume werden ebenfalls mit den Wachsmalstiften angemalt und anschließend ausgeschnitten.
5. Die Laschen werden an allen Bäumen umgeknickt, mit Kleber bestrichen und versetzt auf den Boden oder den Deckel des Schuhkartons geklebt.
6. Jedes Kind sucht sich einen Pfeifenputzer aus und formt damit eine Schlange.
7. Abschließend werden einige kleine, dünne Stöckchen und das getrocknete Moos auf dem Boden des Schaukastens verteilt und festgeklebt. Auch die Schlange wird in den „Regenwald" hineingeklebt. Fertig ist der Regenwald-Schaukasten!

Schokoladen-Knusper-Pralinen

Im Anschluss an das Arbeitsblatt „Wie entsteht eigentlich Schokolade" (S. 58/59) bietet es sich an, mit den Kindern dieses Rezept auszuprobieren. Wichtig ist hier, dass einige Arbeitsschritte aus Sicherheitsgründen **ausschließlich von der Lehrkraft** übernommen werden (s. u.). Es ist hilfreich, wenn einige Mütter hierbei mithelfen und jeweils Vierergruppen gebildet werden.

Zutaten für ca. 4 Kinder: 400 g Vollmilchschokolade, 150 g Cornflakes, 150 g gehackte Mandeln

Arbeitsmittel: eine große Schüssel, ein kleiner und ein großer Topf, ein Kochlöffel, zwei kleine Schüsseln, zwei Teelöffel pro Kind, Backpapier, evtl. Backbleche

Arbeitsanleitung:

1. Die Kinder zerbrechen die Schokoladentafeln und geben die Schokoladenstücke in den kleinen Topf.
2. In der Zwischenzeit füllen Sie als Lehrkraft Wasser in den großen Topf und erhitzen dieses. Wenn das Wasser heiß ist, hängen Sie den kleinen Topf mit den Schokoladenstücken in den großen Topf hinein (Wasserbad). Die Schokolade schmilzt nun.

Über das Arbeiten mit diesen Materialien

3. Die Kinder können unterdessen die Cornflakes in die große Schüssel geben und diese mit ihren Händen zerkleinern. Die gehackten Mandeln werden hinzugefügt und mit den Cornflakes vermischt.
4. Wenn die Schokolade geschmolzen ist, gießen Sie als Lehrkraft die flüssige Schokolade in die große Schüssel mit den Cornflakes und den Mandeln. Verrühren Sie nun die Zutaten gut miteinander.
5. Die Kinder erhalten in einer kleinen Schüssel immer zu zweit einen Teil der Cornflakes-Mandel-Schokoladen-Mischung. Jeder Schüler bekommt einen oder zwei Teelöffel und stellt sich vor einen Bogen Backpapier. Das Backpapier kann auf Backblechen oder alternativ auf Tischen ausgelegt werden. Die Kinder nehmen nun mit den Löffeln nach und nach kleine Mengen von der Mischung und formen diese auf dem Backpapier zu Pralinen.
6. Anschließend die Schokoladen-Knusper-Pralinen etwa einen Tag fest werden lassen.
   Guten Appetit!

Internetadressen

www.faszination-regenwald.de
www.oroverde.de
www.regenwald.org
www.abenteuer-regenwald.de
www.pro-regenwald.de
www.umweltkids.de

BVK TH31 • Gabriele Schickel • Themenheft „Regenwald“

Vorwort des Verlages

Liebe Kolleginnen, liebe Kollegen,

mit dem Themen-Heft Regenwald aus der Themenheft-Reihe haben Sie eine Materialsammlung erworben, die Ihnen aufgrund des Aufbaus vielfältige Einsatzmöglichkeiten bietet:

- Einsatz als Themenheft, als Projekt oder auch als Werkstatt (durch die beigefügte Blanko-Auftragskarte)
- Fächerübergreifende Bearbeitung des Themas
- Arbeitsblätter zu den **Themenschwerpunkten** entsprechend Lehrplan Sachunterricht (bzw. dem Fach Mensch, Natur und Kultur) und Deutsch
- Dreifache Differenzierung dieser Arbeitsblätter
  - zur inneren Differenzierung
  - zur vorbereitenden oder vertiefenden Hausaufgabe
  - für verschiedene Jahrgangsstufen
  - für jahrgangsübergreifende Lerngruppen
- Die Reihenfolge der Themenschwerpunkte kann variiert werden.
- Weiterführendes Arbeiten über das Kernthema hinaus durch (nicht differenzierte) Arbeitsblätter zu **Zusatzthemen**

Zu Ihrer Arbeitserleichterung enthält dieses Heft:

- zwei Lernzielkontrollen zur Überprüfung des Wissens der Kinder zum Thema
- einen Beurteilungsbogen zur Rückmeldung des Arbeitsverhaltens für die Schülerinnen und Schüler

Wir wünschen Ihnen viel Erfolg bei der Arbeit mit dem Themenheft „Regenwald".

Ihr Buch Verlag Kempen

RÜCKMELDUNG

Liebe / r ________________________________ ,

so hast du beim Thema „Regenwald“ gearbeitet:

Du hast konzentriert gearbeitet.			
Du hast selbstständig gearbeitet.			
Du hast engagiert gearbeitet.			
Du hast dich an Unterrichtsgesprächen beteiligt.			
Du hast deine Mappe in Ordnung gehalten.			

Kommentar:

Auftragskarte zu Werkbereich

BVK TH31 • Gabriele Schickel • Themenheft „Regenwald“

Übersicht über die Themenschwerpunkte

Themenschwerpunkt	Schwierigkeitsgrad			Seite
	einfach	mittel	schwer	
Die tropischen Regenwälder der Erde	Wo gibt es überall tropische Regenwälder?			10
Die Stockwerke	Wie viele Stockwerke hat der tropische Regenwald?	Wie heißen die Stockwerke des tropischen Regenwaldes?	Leben in den Stockwerken	11
Das Wetter	Was für ein Wetter!	Wettervorhersage im tropischen Regenwald	Jahreszeiten im tropischen Regenwald	15
Pflanzen	Wie heißen die Pflanzen?	Baum-Puzzles	Regenwaldbäume und Aufsitzerpflanzen	19
Tiere (1)	Welche Tiere leben im tropischen Regenwald?	Wer wird gesucht?	Wie sind die Tiere an das Leben im tropischen Regenwald angepasst?	23
Tiere (2)	Der Orang-Utan	Was frisst der Tukan?	Der Jaguar	28
Produkte aus dem tropischen Regenwald	Tropische Früchte und Nüsse	Der Kautschukbaum – Gummi aus dem tropischen Regenwald	Medikamente aus dem tropischen Regenwald	33
Die Ureinwohner – Leben mit der Natur	Die Hütten der Ureinwohner	Jäger und Sammler	Wie leben die Penan?	40
Schütze den tropischen Regenwald!	Domino: Wofür wird der tropische Regenwald abgeholzt?	Vom Urwaldriesen zum Möbelstück	Warum wird der tropische Regenwald zerstört?	45

Übersicht über die zusätzlichen Angebote

Zusatzthemen	Lernangebote	Seite
Deutsch	Lotto mit Tieren aus dem Regenwald	50
	Regenwald-Wörter	52
Mathematik	Tukan-Rechenrätsel	53
	Sachaufgaben aus dem tropischen Regenwald	54
Sachunterricht	Der tropische Regenwald wird zerstört	56
	So schütze ich den tropischen Regenwald	57
	Wie entsteht eigentlich Schokolade?	58
Kunst	Wir basteln ein Indianerarmband	60
Leistungsüberprüfung	Was hast du behalten?	61

BVK TH31 • Gabriele Schickel • Themenheft „Regenwald“

Wo gibt es überall tropische Regenwälder?

Auf dieser Weltkarte sind die Ozeane, die Erdteile (Kontinente) und die tropischen Regenwälder eingezeichnet.

Die Fläche, die du ____________ ausgemalt hast, ist das Wasser der Ozeane. Die ______________ Flächen sind die tropischen Regenwälder. Diese befinden sich auf den Erdteilen, die du ______________ angemalt hast.

grünen	braun	blau

Aufgaben

- Sieh dir die Weltkarte an.
- Male diese Flächen ~~~~~~ blau aus.
- Male diese Flächen ////////// grün an.
- Male die übrigen Flächen braun aus.
- Lies den Lückentext und setze die fehlenden Wörter ein.

Wie viele Stockwerke hat der tropische Regenwald? (1)

Überständer

Kronendach

untere Baumschicht

Kraut- und Strauchschicht

Bodenschicht

Der tropische Regenwald hat _______ Stockwerke.

Aufgaben

 Sieh dir die Puzzleteile auf Arbeitsblatt 2 an.

 Schneide sie aus und lege sie richtig zusammen.

Klebe sie in den Rahmen.

Zähle die Stockwerke und schreibe die Zahl oben auf.

Wie viele Stockwerke hat der tropische Regenwald? (2)

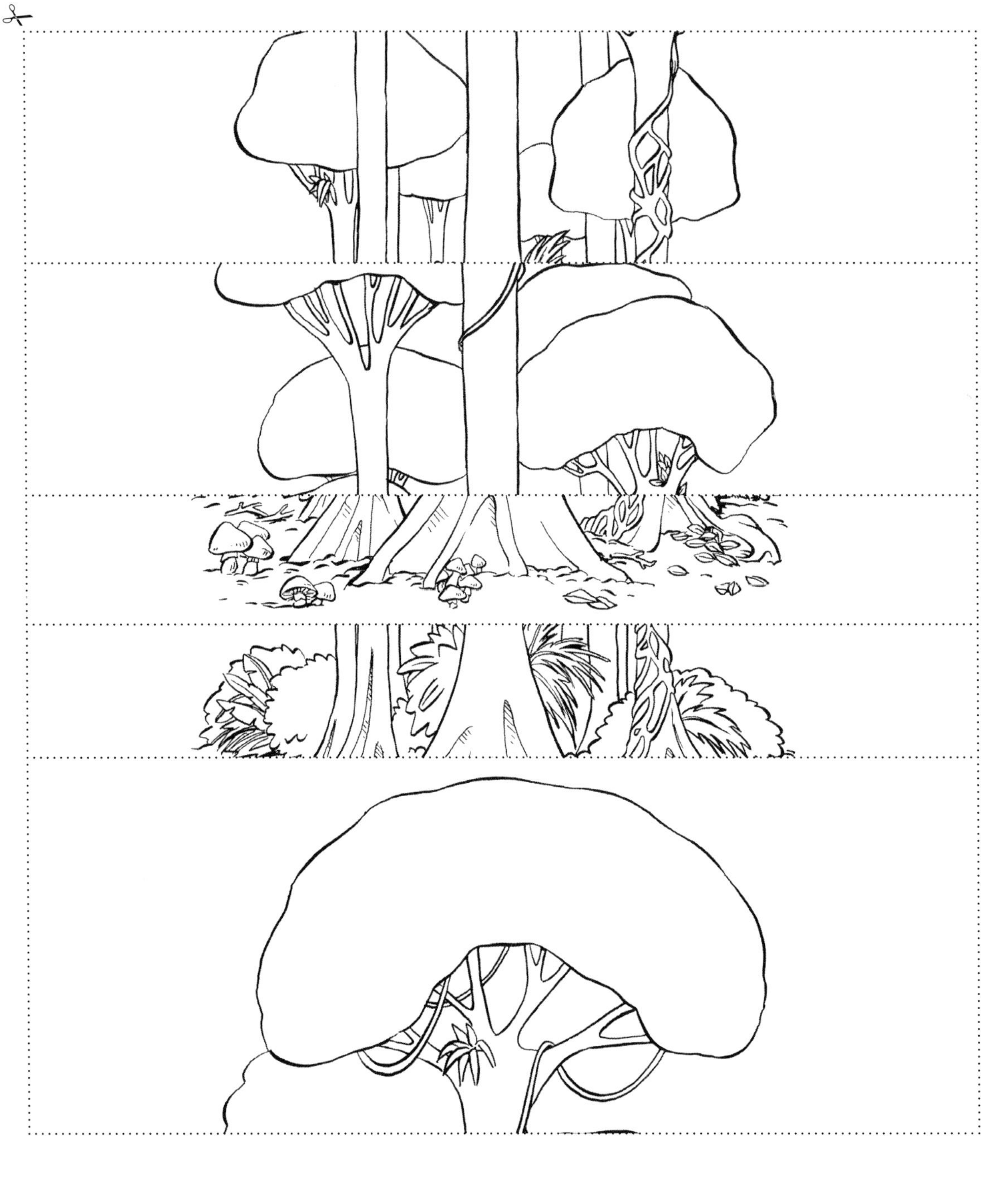

BVK TH31 • Gabriele Schickel • Themenheft „Regenwald"

Wie heißen die Stockwerke des tropischen Regenwaldes?

Der tropische Regenwald besitzt fünf unterschiedliche Stockwerke. In den einzelnen Stockwerken wachsen verschiedene Pflanzen.

So heißen die Stockwerke des tropischen Regenwaldes und daran erkennst du sie:

- **Überständer:** einzelne Baumriesen
- **Kraut- und Strauchschicht:** Moose, Farne, Sträucher und kleine Bäumchen
- **Bodenschicht:** Wurzeln und Pilze
- **untere Baumschicht:** Baumkronen der jungen Bäume
- **Kronendach:** Baumkronen der hohen Bäume

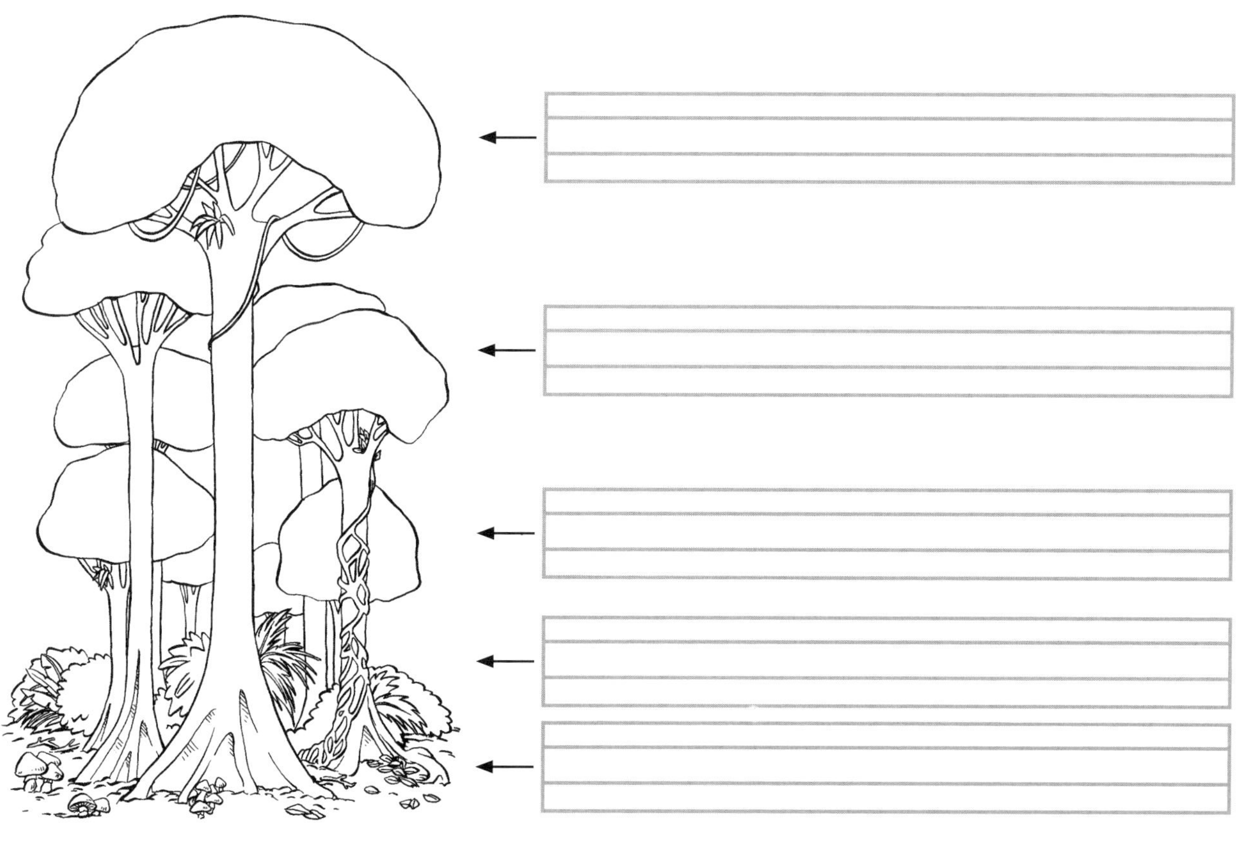

Aufgaben

Lies die Beschreibung der einzelnen Stockwerke durch.

Sieh dir das Bild genau an.

Beschrifte die Stockwerke.

Leben in den Stockwerken

1	Die Überständer ...	wachsen Moose, Farne, Sträucher und kleine Bäumchen. Hier können nur Pflanzen wachsen, die wenig Sonnenlicht brauchen. Tapire leben dort im dichten Unterholz.	**N**
2	Das Kronendach ...	besteht aus Wurzeln, Ästen, abgestorbenen Blättern und Pilzen. Hier ist es sehr dunkel.	**E**
3	In der unteren Baumschicht ...	beherbergt die meisten Tiere. Diese Tiere können meist sehr gut fliegen oder klettern. Deshalb findet man dort viele Vögel, Affen und Faultiere.	**I**
4	In der Kraut- und Strauchschicht ...	werden auch Baumriesen genannt. Sie ragen über die übrigen Bäume hinaus. Greifvögel – wie die Harpyie – nutzen sie, um nach Beute auszuspähen.	**L**
5	Die Bodenschicht ...	wachsen meist junge Bäume. Einige dieser Bäume werden später einmal zu Baumriesen.	**A**

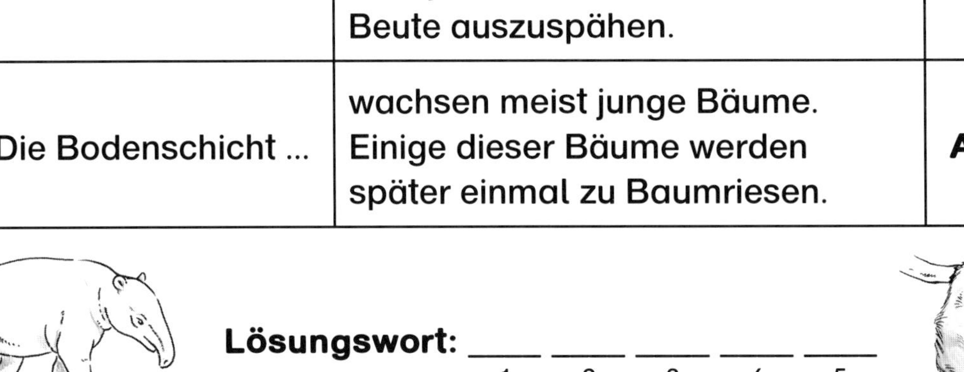

Lösungswort: ____ ____ ____ ____ ____
1 2 3 4 5

 Lies die Satzanfänge durch und überlege, wie jeder Satz enden muss.

 Male Satzanfang und Satzende immer in der gleichen Farbe an. Benutze fünf unterschiedliche Farben.
Wenn du alles richtig gelöst hast, ergeben die Buchstaben ein Lösungswort.
Tipp: Es ist eine typische Pflanze des Regenwaldes!

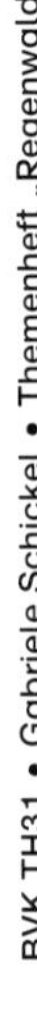
BVK TH31 • Gabriele Schickel • Themenheft „Regenwald“

Was für ein Wetter!

Aufgaben

Sieh dir die beiden Bilder des tropischen Regenwaldes an.
Auf dem unteren Bild haben sich fünf Fehler versteckt.
Findest du sie?

Kreuze die Fehler mit einem roten Buntstift an.

Male das obere Bild bunt aus.

BVK TH31 • Gabriele Schickel • Themenheft „Regenwald"

Wettervorhersage im tropischen Regenwald

Im tropischen Regenwald ist das Wetter an allen Tagen im Jahr sehr ähnlich.

So sieht ein Tag aus:

1. Am **Morgen** liegt Nebel über dem tropischen Regenwald. Die Sonne dringt nur sehr langsam hindurch.
2. Die Sonne strahlt am **Mittag** über dem Blätterdach. Es ist nun sehr warm. Es bilden sich kleine Wolken.
3. Am **Nachmittag** nehmen die Wolken zu. Sie werden immer dichter. Es ist drückend heiß.
4. Am **frühen Abend** kommt es zu starken Regenfällen. Es gewittert.
5. Am **späten Abend** steigt Nebel auf.

Aufgaben

Lies den Text.

Male in die Rahmen, wie das Wetter am Morgen, Mittag, Nachmittag, frühen und späten Abend im Regenwald aussieht.

Gibt es Jahreszeiten im tropischen Regenwald? (1)

Bei uns besteht ein Jahr aus vier Jahreszeiten. Man nennt sie Frühling, Sommer, Herbst und Winter. Die Temperaturen in den verschiedenen Jahreszeiten unterscheiden sich deutlich:
Im Sommer ist es warm oder heiß, während im Winter eher kalte Temperaturen vorherrschen. Im Sommer sind die Tage viel länger als die Nächte, während im Winter die Tage kürzer und die Nächte länger sind.

Im tropischen Regenwald sieht das völlig anders aus. Solche großen Temperaturunterschiede gibt es dort nicht. Im tropischen Regenwald bleiben die Temperaturen im Verlauf eines Jahres relativ gleich: Es ist tagsüber immer zwischen 24 und 31 Grad warm. Auch sind die Tage und Nächte fast gleich lang: Ein Tag im tropischen Regenwald dauert genau wie die Nacht ungefähr zwölf Stunden. Einen Wechsel der Jahreszeiten, wie wir ihn kennen, gibt es im tropischen Regenwald nicht.

Doch woran liegt das? Die tropischen Regenwälder wachsen alle in der Nähe des Äquators. Der Äquator ist eine gedachte Linie, die die Erde in zwei Hälften teilt: die Nordhalbkugel und die Südhalbkugel. Dort sind die Tage und Nächte immer fast gleich lang und die Temperaturen bleiben ungefähr gleich. Wir leben sehr weit vom Äquator entfernt auf der Nordhalbkugel. Deshalb ist es bei uns anders.

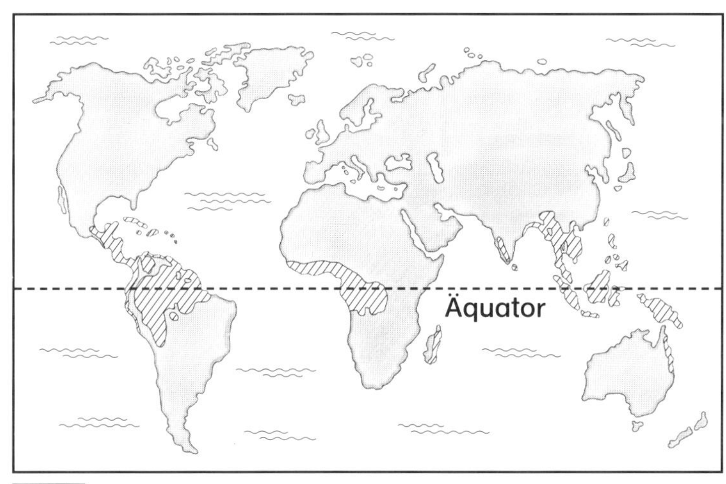

tropische Regenwälder

Aufgaben

 Lies den Text.
Suche dir nun einen Partner.
 Schneidet die Frage- und Antwort-Karten von Arbeitsblatt 2 aus. Jeder bekommt fünf Karten.
Stellt euch abwechselnd die Fragen und beantwortet sie.

Gibt es Jahreszeiten im tropischen Regenwald? (2)

Wie viele Jahreszeiten gibt es bei uns?

Es gibt vier Jahreszeiten.

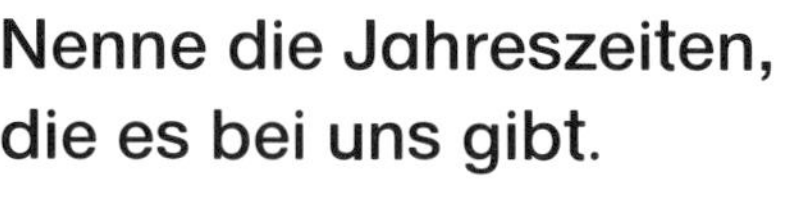

Nenne die Jahreszeiten, die es bei uns gibt.

Frühling, Sommer, Herbst und Winter

Wann ist es bei uns innerhalb eines Jahres am wärmsten: im Frühling, Sommer, Herbst oder Winter?

im Sommer

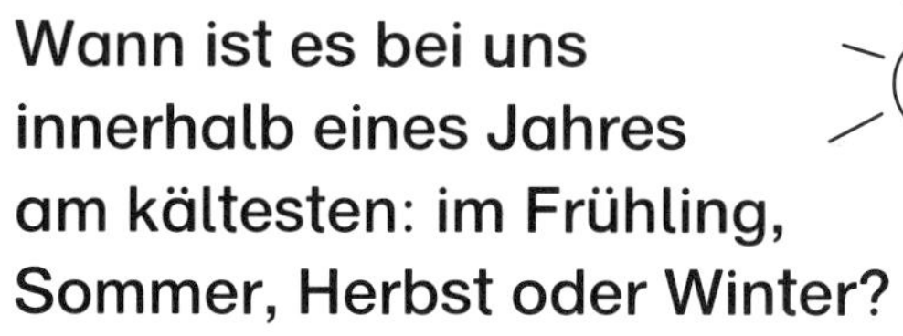

Wann ist es bei uns innerhalb eines Jahres am kältesten: im Frühling, Sommer, Herbst oder Winter?

im Winter

Sind die Tage bei uns im Sommer kürzer oder länger als die Nächte?

Sie sind länger.

Bleiben die Temperaturen im tropischen Regenwald an jedem Tag in etwa gleich oder unterscheiden sie sich stark?

Sie bleiben in etwa gleich.

Wie lange dauert jeweils ein Tag und eine Nacht im tropischen Regenwald?

etwa zwölf Stunden

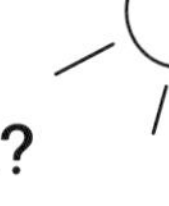

Wechselt im tropischen Regenwald die Jahreszeit?

nein

Der Äquator teilt die Erde in ...

... die Nordhalbkugel und die Südhalbkugel.

Wo liegen die tropischen Regenwälder auf der Erde?

in der Nähe des Äquators

Wie heißen die Pflanzen?

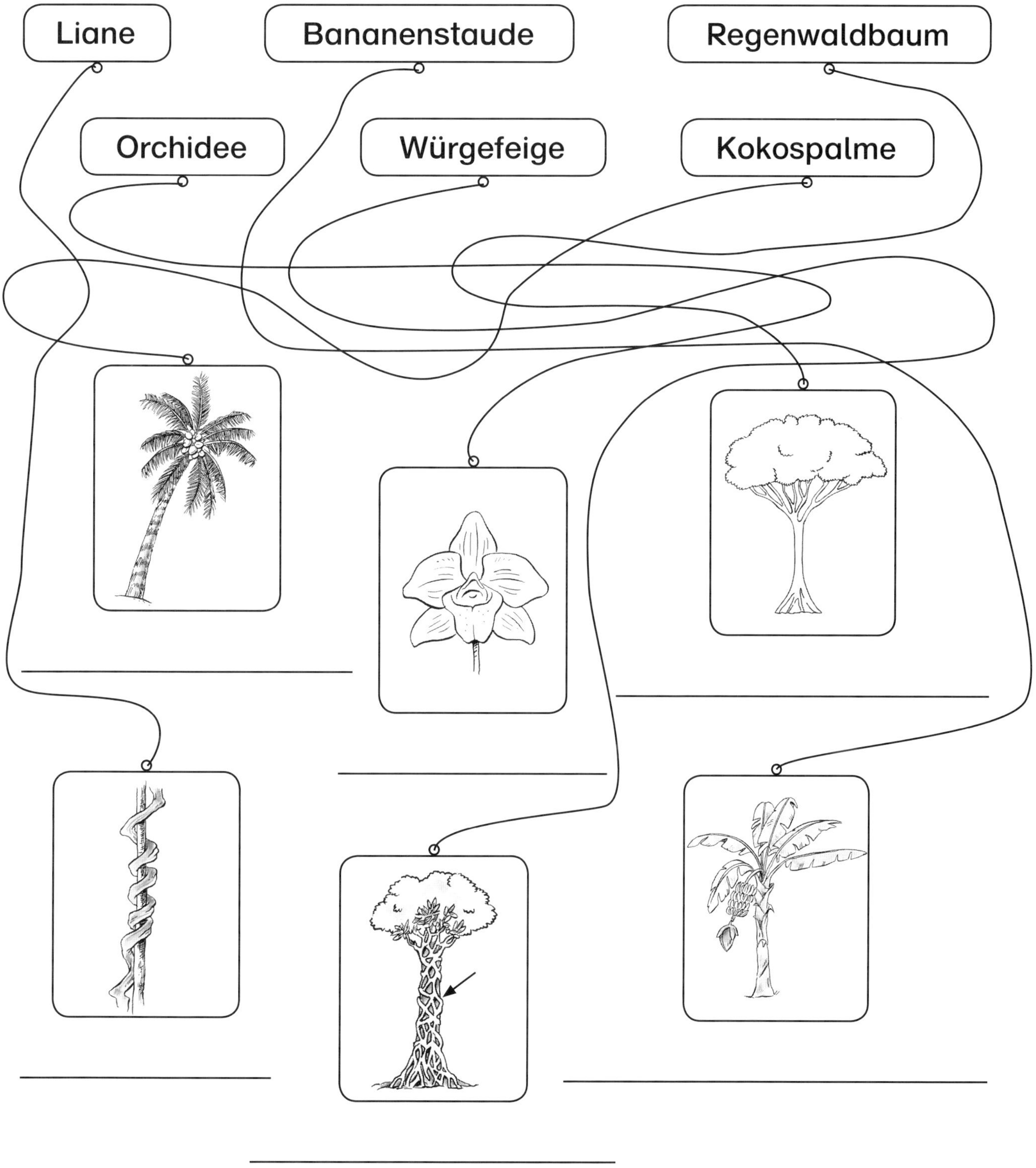

Liane

Bananenstaude

Regenwaldbaum

Orchidee

Würgefeige

Kokospalme

Aufgaben

Fahre jede Linie mit einem anderen Buntstift nach.

Schreibe die Pflanzennamen auf die richtigen Linien.

Baum-Puzzles (1)

Der Regenwaldbaum wächst im tropischen Regenwald.
Die Eiche wächst bei uns.
Sieh dir die beiden Bäume gut an und beantworte die Fragen:

1. Welcher Baum hat einen längeren Stamm?

   ☐ die Eiche **(ABER)**

   ☐ der Regenwaldbaum **(BAUM)**

2. Dieser Baum hat Wurzeln, die tief in den Boden reichen.

   ☐ die Eiche **(RIE)**

   ☐ der Regenwaldbaum **(BEI)**

3. Welcher Baum besitzt am unteren Stamm dicke Auswölbungen?

   ☐ die Eiche **(EN)**

   ☐ der Regenwaldbaum **(SE)**

Lösungswort:

Aufgaben

- Schneide alle Puzzleteile von Arbeitsblatt 2 aus und lege sie richtig zusammen.
- Klebe sie auf ein Blatt.
- Lies die Sätze und kreuze die richtigen Antworten an.
- Schreibe die Lösungsbuchstaben auf die Linien.
- Male beide Bäume bunt.

BVK TH31 • Gabriele Schickel • Themenheft „Regenwald“

Baum-Puzzles (2)

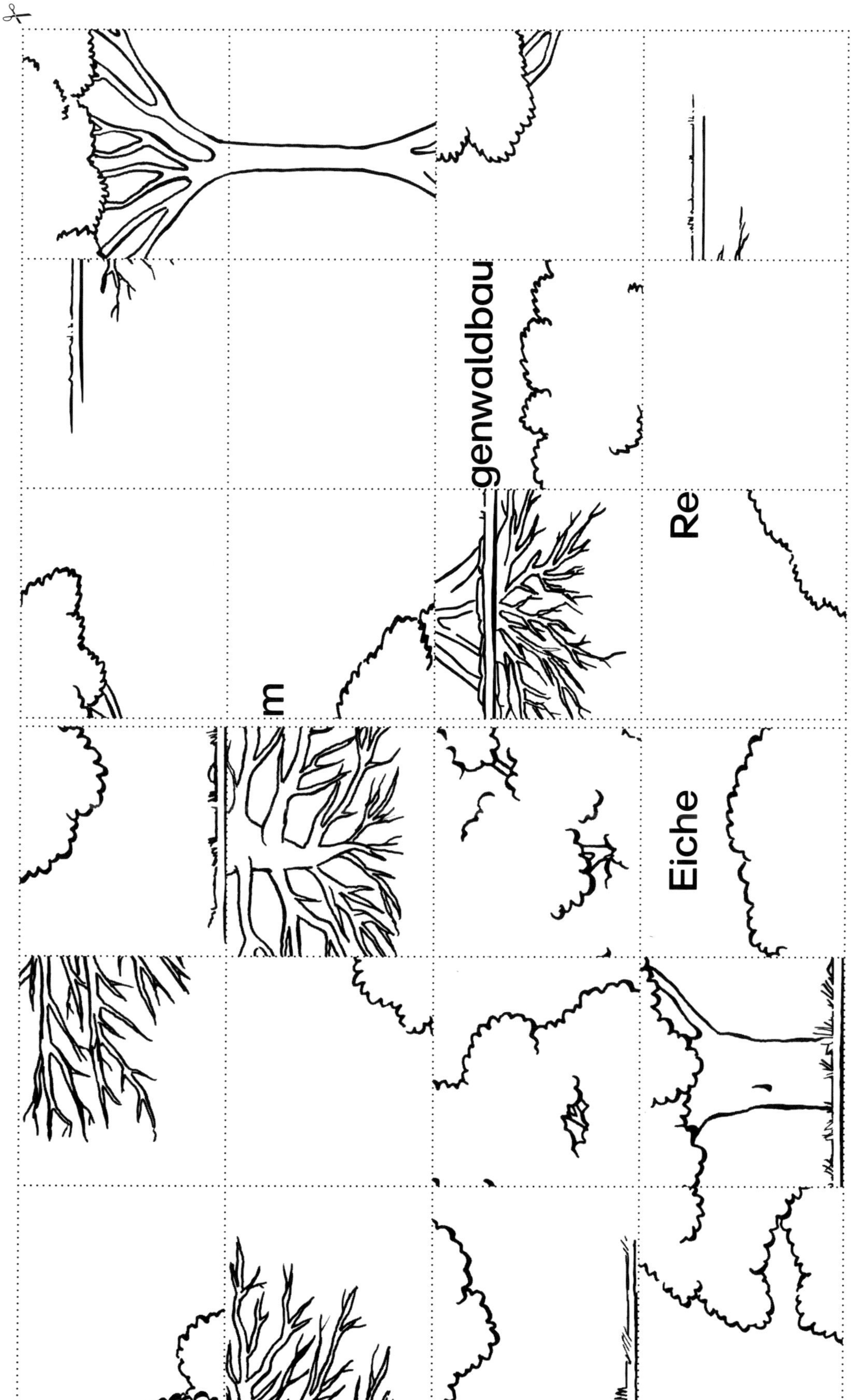

genwaldbau

Re

m

Eiche

BVK TH31 • Gabriele Schickel • Themenheft „Regenwald“

Regenwaldbäume und Aufsitzerpflanzen

Der tropische Regenwald besteht aus sehr vielen unterschiedlichen Pflanzenarten. Viele Regenwaldbäume bilden am Stamm Wurzeln aus, die den Baumstamm über dem Waldboden verdicken. Das hat den Vorteil, dass dieser große Baum einen festen Halt bekommt. Denn die Wurzeln sind nicht sehr tief in der Erde verankert.
Viele dieser Bäume haben Aufsitzerpflanzen. Das sind Pflanzen, die zum Beispiel auf Regenwaldbäumen wachsen. Zu ihnen gehört z. B. die Orchidee. Sie wächst in den Baumkronen, da sie dort mehr Licht bekommt.
Auch die Würgefeige ist eine Aufsitzerpflanze. Sie bildet Wurzeln aus, die in Richtung Waldboden wachsen. Diese Wurzeln legen sich um den Stamm des Baumes.
Oftmals überlebt der Baum diese Umklammerung nicht.

Würgefeige

	richtig	falsch
1. Im tropischen Regenwald wachsen nur wenige Pflanzenarten.	☐ M	☐ O
2. Die Wurzeln vieler Regenwaldbäume verdicken unten den Stamm.	☐ R	☐ K
3. Die Bäume haben dadurch einen guten Halt.	☐ C	☐ A
4. Auf vielen Bäumen leben Aufsitzerpflanzen.	☐ H	☐ B
5. Die Orchidee wächst am Waldboden.	☐ E	☐ I
6. Die Würgefeige ist eine Aufsitzerpflanze.	☐ D	☐ C
7. Die Würgefeige hat keine Wurzeln.	☐ S	☐ E
8. Die Würgefeige „erwürgt“ den Baum, auf dem sie wächst.	☐ E	☐ N

Lösungswort: ___ ___ ___ ___ ___ ___ ___ ___
1 2 3 4 5 6 7 8

Aufgaben

- Lies den Text durch.
- Lies die Sätze. Sind sie richtig oder falsch? Kreuze an.
- Schreibe das Lösungswort auf die Linien.

BVK TH31 • Gabriele Schickel • Themenheft „Regenwald“

Welche Tiere leben im tropischen Regenwald? (1)

Aufgaben

 Finde zehn Tiere in dem Regenwald-Suchbild.

 Kreise sie ein.

Finde auf Arbeitsblatt 2 heraus, wie diese Tiere heißen.
Dazu musst du die Wörter neben den Bildern von hinten nach vorne auf die Linien schreiben.

BVK TH31 • Gabriele Schickel • Themenheft „Regenwald“

Welche Tiere leben im tropischen Regenwald? (2)

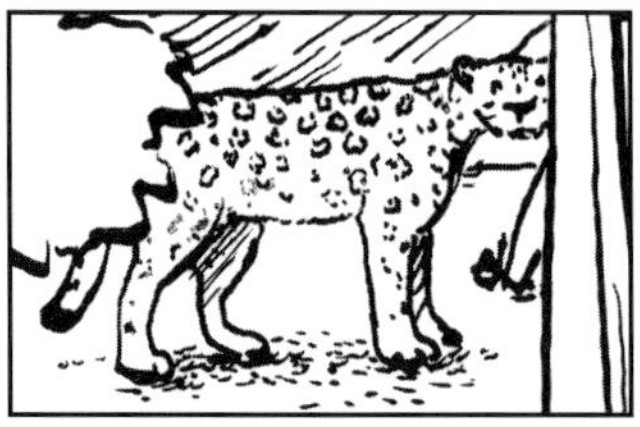

RAUGAJ

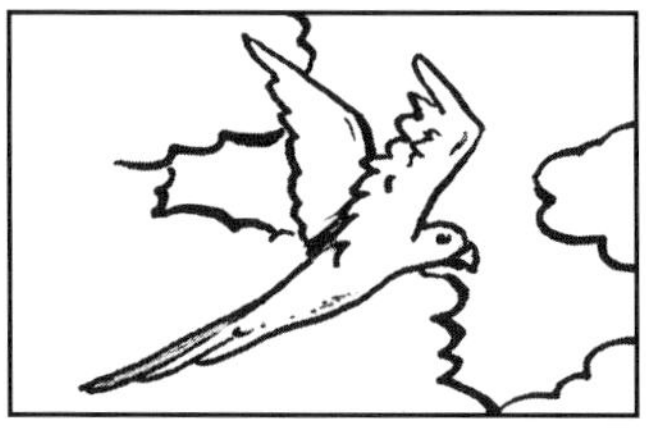

IEGAPAP

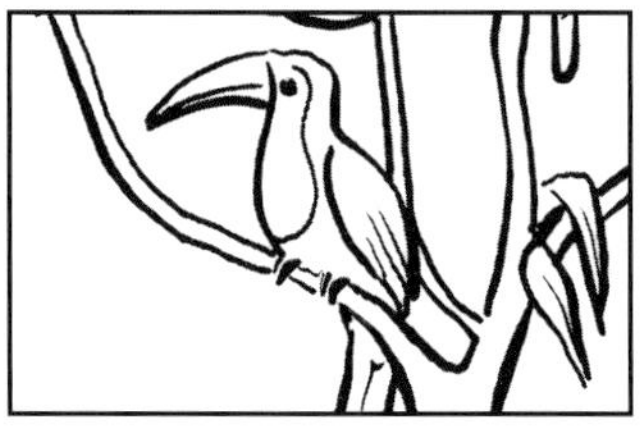

NAKUT

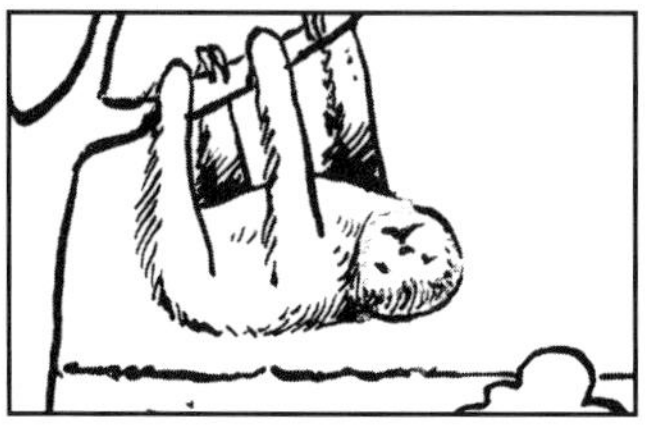

REITLUAF

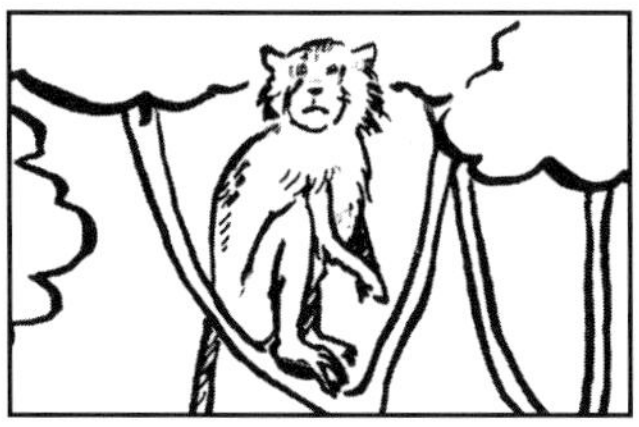

EFFA

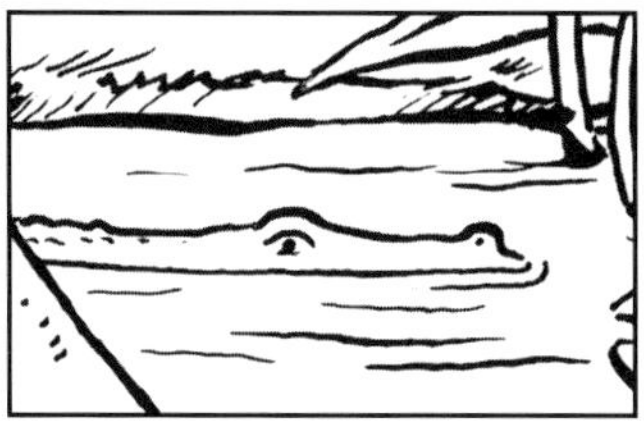

LIDOKORK

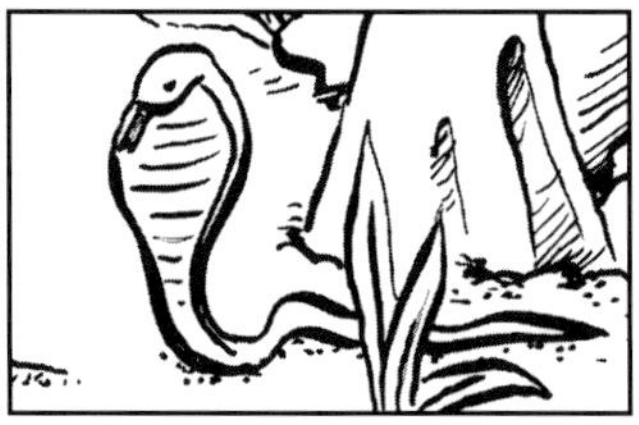

EGNALHCS

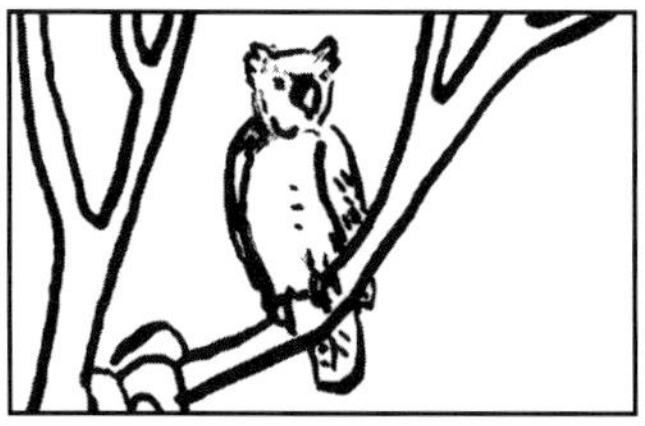

EIYPRAH

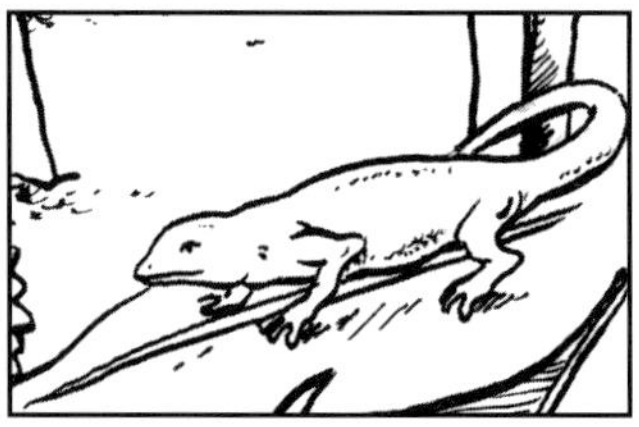

NAUGEL

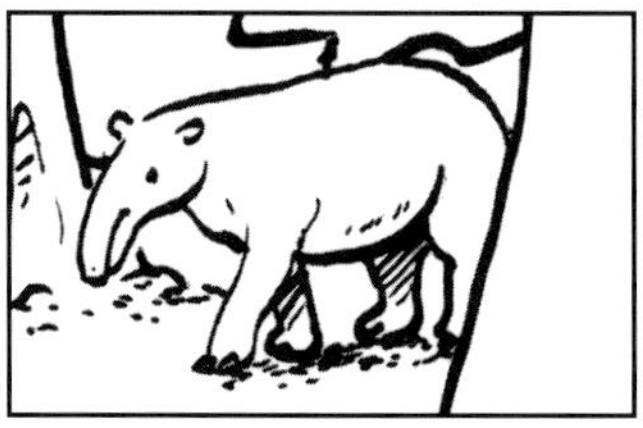

RIPAT

Wer wird gesucht?

Die Tiere sind zwar sehr klein, leben und arbeiten aber in einem großen Staat zusammen. Sie gehen gemeinsam auf die Jagd nach lebenden Spinnen, Insekten und anderen kleinen Tieren.

Das Tier hat ein schönes buntes Gefieder. Meistens lebt es mit seinen Artgenossen in Schwärmen zusammen. Es kann gut Geräusche nachahmen.

Dieses Tier besitzt eine sehr lange Schnauze mit einer ebenso langen Zunge. Es ernährt sich von Ameisen und Termiten: Mit seiner Zunge leckt es diese direkt aus ihren Bauten.

Das Tier besitzt acht Beine, acht Augen und zwei Zähne. Sein Körper ist behaart. Es ist giftig. Hauptsächlich ernährt es sich von Insekten. Das Tier muss sich immer wieder häuten, da seine Haut nicht mitwächst.

Aufgaben

 Schneide die Bilder unten aus.

 Lies die kleinen Rätsel.

 Klebe die Bilder in die richtigen Rahmen.

Spiele mit einem Partner. Jeder von euch sucht sich eines dieser Tiere aus. Stellt euch Fragen, die sich nur mit „ja“ oder „nein“ beantworten lassen.

Wechselt euch ab. Wer zuerst das Tier errät, hat gewonnen.

Vogelspinne

Ara

Ameisenbär

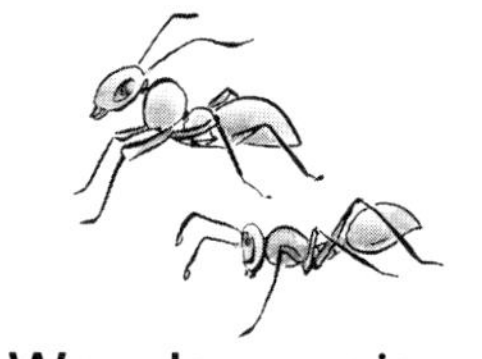
Wanderameisen

BVK TH31 • Gabriele Schickel • Themenheft „Regenwald“

Wie sind die Tiere an das Leben im tropischen Regenwald angepasst? (1)

Viele Tiere des tropischen Regenwaldes sind sehr gut an das Leben im Regenwald angepasst. Einige Beispiele lernst du nun kennen:

Der **Kolibri** saugt mit seinem langen Schnabel Nektar aus den Blüten. Dabei fliegt er ununterbrochen vor einer Blüte auf der Stelle. Dies gelingt ihm, indem er seine Flügel blitzschnell auf und ab bewegt.

Das **Gleithörnchen** lebt hauptsächlich auf Bäumen. Seine Beine sind durch Flughäute miteinander verbunden. Dadurch kann das Gleithörnchen mühelos von Baum zu Baum gleiten.

Der **Pfeilgiftfrosch** besitzt eine leuchtende, auffallende Hautfarbe. Damit warnt er seine Feinde. Denn die Haut des Frosches sondert einen sehr giftigen Schleim ab.

Waldbodenbewohner wie der **Tapir** besitzen keine gute Sehfähigkeit. Das ist auch nicht nötig, da es am Waldboden recht dunkel ist. Dafür können Tapire aber umso besser hören.

Das **Faultier** bewegt sich nur sehr langsam in den Baumwipfeln. In seinem braungrauen Fell wachsen oft Algen, sodass es grünlich schimmert. So fällt das Faultier im Regenwald kaum auf und ist vor Feinden gut geschützt.

Das **Okapi** besitzt eine sehr auffallende Färbung des Fells: Das Fell ist meist dunkelbraun. Die oberen Beine des Okapis sind schwarz-weiß gestreift wie bei einem Zebra. Durch die Fellfärbung ist das Okapi gut an seine Umgebung angepasst.

BVK TH31 • Gabriele Schickel • Themenheft „Regenwald“

Wie sind die Tiere an das Leben im tropischen Regenwald angepasst? (2)

Aufgaben

 Lies die Texte auf Arbeitsblatt 1.

Beschrifte die Bilder mit dem richtigen Tiernamen.

Schreibe nun zu jedem Tier einen Satz.

Diese Wörter helfen dir:

giftig – blitzschnell – langsam – gleitet – sieht schlecht, aber hört gut – auffälliges Fellmuster

Der Orang-Utan

lange Arme – Beine – Kopf –
Bauch – Greifhand – Greiffuß

Aufgaben

 Sieh dir den Orang-Utan gut an.

 Beschrifte die Abbildung. Die Wörter oben helfen dir.

 Male den Orang-Utan an. Das Fell ist rotbraun. Das Gesicht, die Hände und die Füße sind grauschwarz.

Überlege gemeinsam mit einem Partner:

a) Warum sind die Arme des Orang-Utans länger als die Beine?

b) Wozu braucht der Orang-Utan Greifhände und Greiffüße?

BVK TH31 • Gabriele Schickel • Themenheft „Regenwald“

Was frisst der Tukan? (1)

Suche dir einen Spiel-Partner.
Schneidet alle Karten aus und legt sie verdeckt vor euch.
Spielt nun das Memory.
Sieger ist, wer am Schluss die meisten Memory-Pärchen besitzt.

Spinne	Vogeleier	Käfer
Früchte	Beeren	Nüsse
kleiner Vogel	kleine Schlange	kleine Eidechse

BVK TH31 • Gabriele Schickel • Themenheft „Regenwald“

Was frisst der Tukan? (2)

Die Nahrung des Tukans:

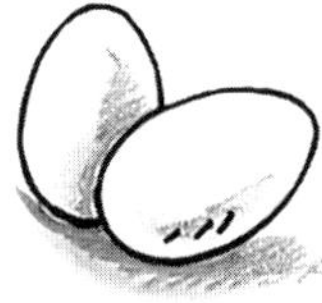

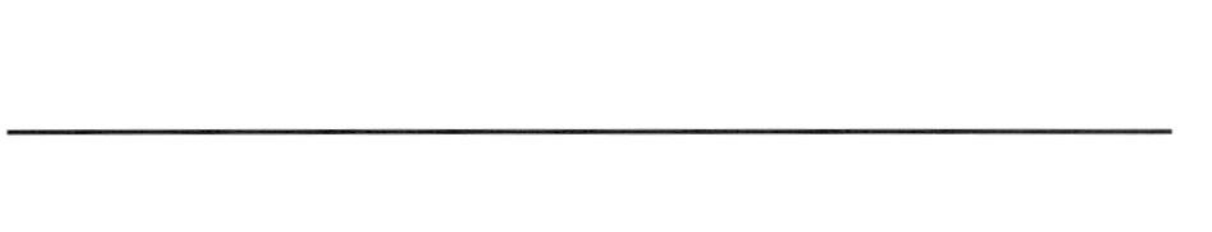

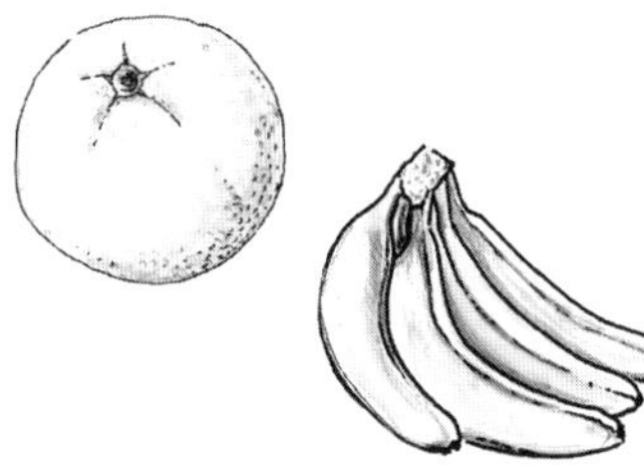

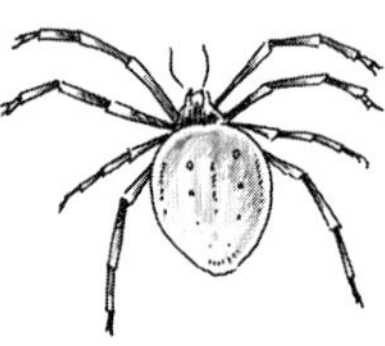

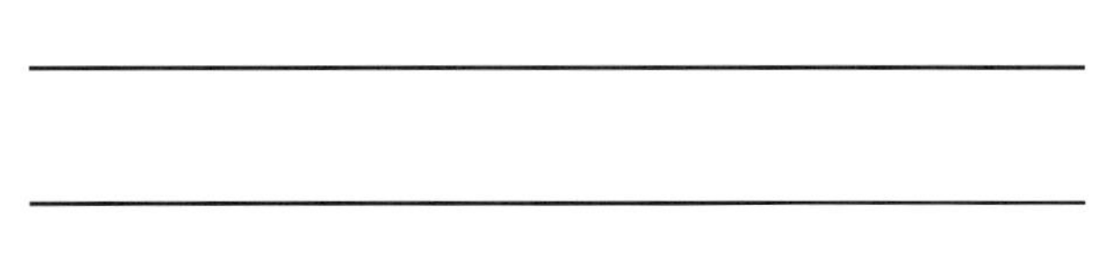

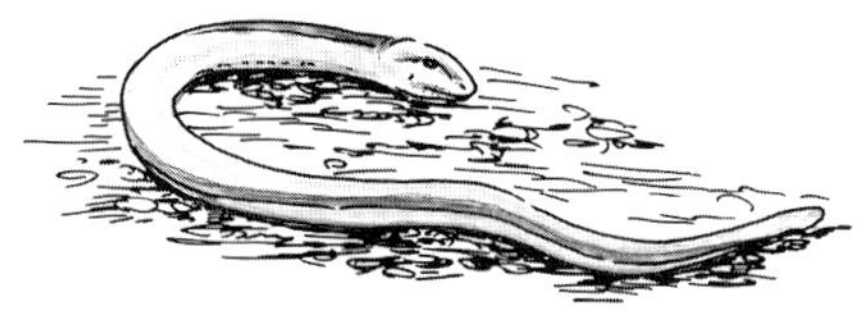

Die Feinde des Tukans:

KMKERNISPCFH ______________________________

NGTRBEOILFHVPÖQGGEGL ______________________

LMKASRFDOESR ______________________________

Aufgaben

- Schreibe oben auf, was der Tukan frisst. Die Bilder oder das Memory können dir dabei helfen.
- Schreibe unten jeden zweiten Buchstaben auf die Linien. So erfährst du, wer die Feinde des Tukans sind.

BVK TH31 • Gabriele Schickel • Themenheft „Regenwald“

Der Jaguar (1)

Ich gehöre zur Familie der Katzen und bin ein Raubtier. Wie viele andere Jaguare lebe ich im tropischen Regenwald, einige von uns sind aber auch im Buschland oder in der Wüste zu Hause. Mein Fell ist dunkelgelb und besitzt schwarze Flecken. Manche von uns haben aber auch ein schwarzes Fell. Sie werden *Schwarze Panther* genannt.

Ich habe einen kräftigen Körperbau. Mein Körper erreicht vom Kopf bis zum Schwanzende eine Länge von etwa zwei Metern. Die männlichen Tiere unter uns wiegen ungefähr 100 Kilogramm, während ein Weibchen etwa 70 Kilogramm auf die Waage bringt. Meist lebe ich allein. Da ich eine Raubkatze bin, schleiche ich mich an meine Beute heran. Tapire, Wasserschweine und Nagetiere fresse ich genauso gerne wie Fische, kleine Krokodile und Schildkröten.

Weibliche Jaguare unter uns bekommen ein bis vier Junge. Anfangs sind diese noch blind. Sie leben etwa zwei Jahre lang bei der Mutter. Danach gehen sie ihren eigenen Weg.
Ich kann etwa zehn bis zwölf Jahre alt werden.

Aufgaben

 Lies den Text aufmerksam.

Fülle den Steckbrief zum Jaguar auf Arbeitsblatt 2 aus.

BVK TH31 • Gabriele Schickel • Themenheft „Regenwald“

Der Jaguar (2)

Jaguar-Steckbrief

So sehe ich aus.

Name: ______________________

Familie: ______________________

Lebensräume: ______________________

____

____

Farbe des Fells: ______________________

____

Körperlänge: ______________________

Gewicht des Männchens: ______________________

Gewicht des Weibchens: ______________________

So lebt der Jaguar (Einzelgänger, in einer Gruppe ...):

____

Nahrung: ______________________

____

Anzahl der Jungen: ______________________

Lebenserwartung: ______________________

Male das Muster des Fells in das Kästchen.

Tropische Früchte und Nüsse (1)

Im Supermarkt können wir diese Lebensmittel einkaufen:

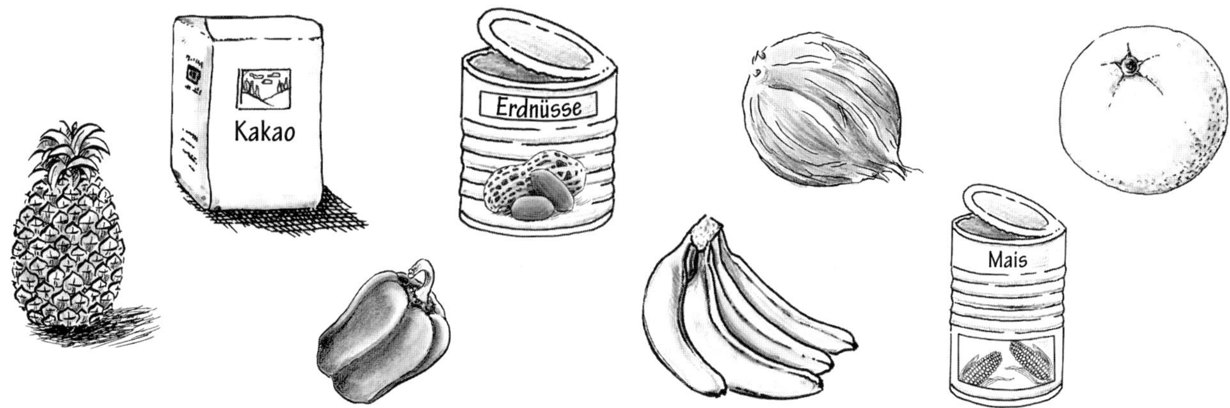

Diese Früchte, Nüsse und Gewürze kommen ursprünglich aus den tropischen Regenwäldern. Aber wo wachsen sie? An Bäumen, Sträuchern oder sogar unter der Erde?

Aufgaben

 Lies den Text und schaue dir die Bilder gut an.

Schneide die Pflanzenbilder aus.

Entscheide nun, welche Pflanzenbilder zu den entsprechenden Lebensmitteln passen, und lege sie an die richtige Stelle in der Tabelle auf Arbeitsblatt 2 und 3.

 Klebe die Bilder auf.

Tropische Früchte und Nüsse (2)

Unsere Lebensmittel aus dem Supermarkt	Die Pflanzen aus dem tropischen Regenwald
eine Ananas	
eine Dose Mais	
eine Kokosnuss	
eine Orange	

Tropische Früchte und Nüsse (3)

Unsere Lebensmittel aus dem Supermarkt	Die Pflanzen aus dem tropischen Regenwald
Kakaopulver	
Bananen	
eine Paprika	
Erdnüsse	

BVK TH31 • Gabriele Schickel • Themenheft „Regenwald“

Der Kautschukbaum – Gummi aus dem tropischen Regenwald (1)

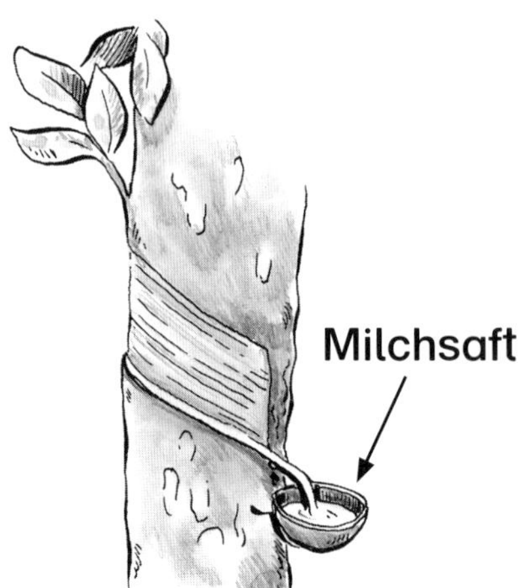

Der Kautschukbaum stammt aus dem tropischen Regenwald in Südamerika. Schon vor vielen hundert Jahren wurde er von den Indianern genutzt. Sie schnitten die Rinde des Baumstammes ein und fingen den herausfließenden Milchsaft auf. Dieser Milchsaft ist weiß und besteht aus sehr viel Wasser, Kautschuk, Harz und anderen Stoffen. Aus dem Milchsaft gewannen die Indianer Kautschuk. Kautschuk ist ein Naturgummi.

Dieses hat zwei besondere Eigenschaften: Es ist wasserdicht und dehnbar. Dies war für die Indianer sehr nützlich. So verwendeten sie den Kautschuk beispielsweise, um wasserdichte Gefäße herzustellen. Außerdem formten die Indianer daraus kleine Bälle, die unglaublich hoch springen konnten.

Später entdeckten auch Menschen aus anderen Ländern den Kautschuk und stellten daraus Gummi her. Auch heute noch wird Kautschuk dazu genutzt. Das Gummi wird zum Beispiel für wasserdichte Kleidung, Schuhsohlen, Autoreifen und Spielsachen verwendet. Allerdings wird ein großer Teil des heutigen Kautschuks in Fabriken künstlich hergestellt.

Aufgaben

 Lies den Text durch.
Vermute, welche fünf Gegenstände auf Arbeitsblatt 2 aus Kautschuk bestehen könnten. Kreuze an.
Wenn du richtig angekreuzt hast, ergeben die Buchstaben ein Lösungswort. Schreibe es auf die Linien.
Kennst du noch andere Gegenstände, die aus Kautschuk bestehen könnten?
Schreibe sie auf.

BVK TH31 • Gabriele Schickel • Themenheft „Regenwald“

Der Kautschukbaum – Gummi aus dem tropischen Regenwald (2)

Welche Gegenstände bestehen aus Kautschuk?

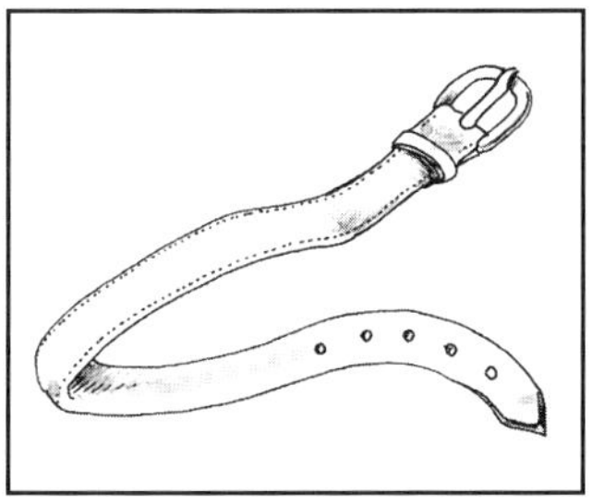
A ☐

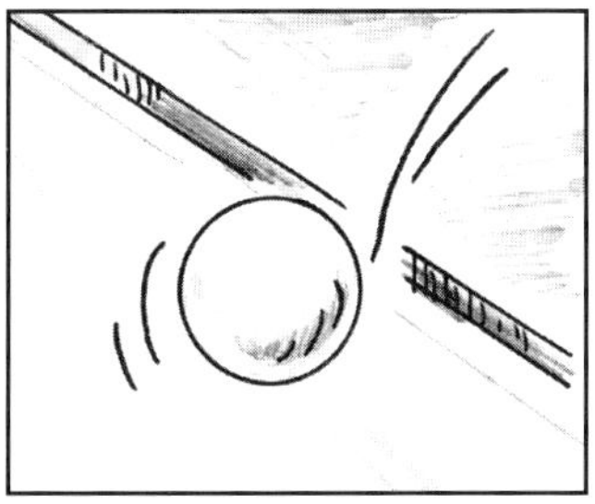
G ☐

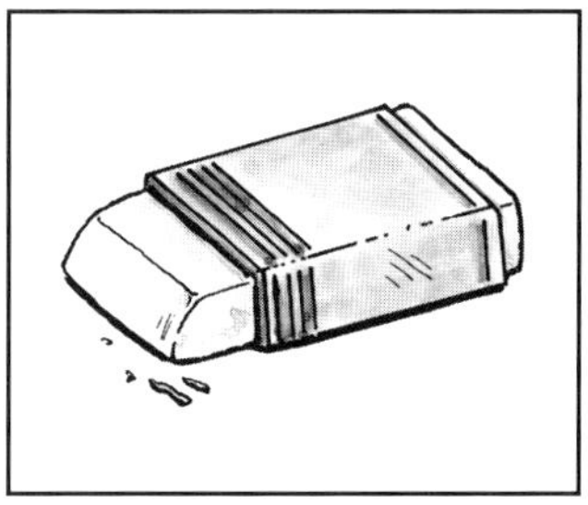
U ☐

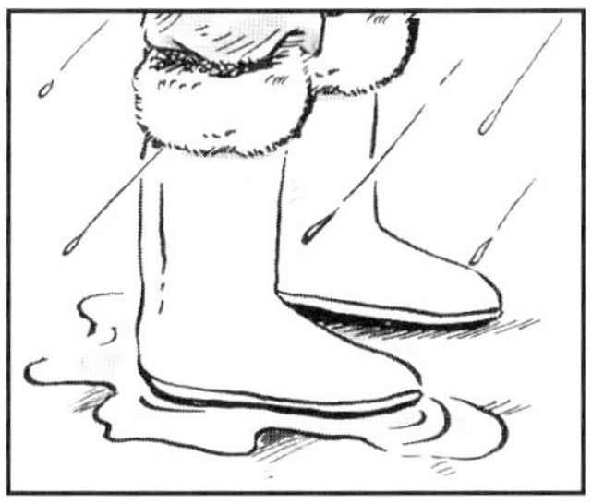
M ☐

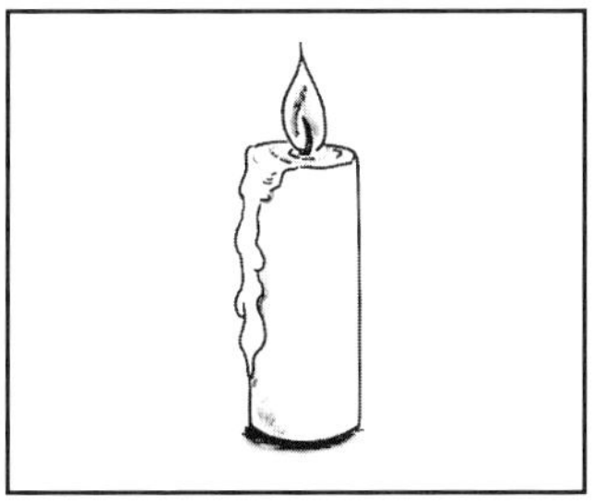
E ☐

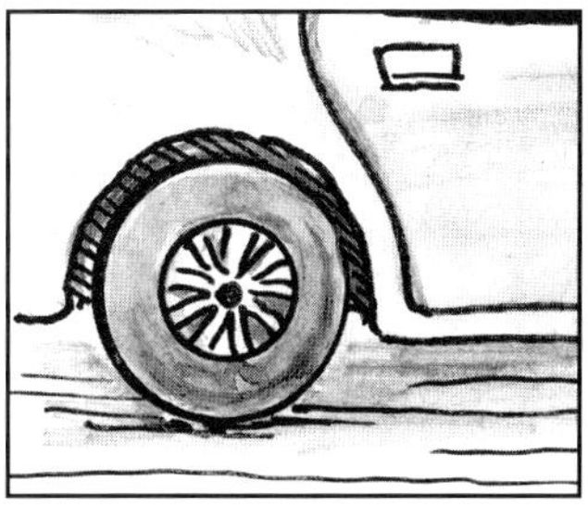
M ☐

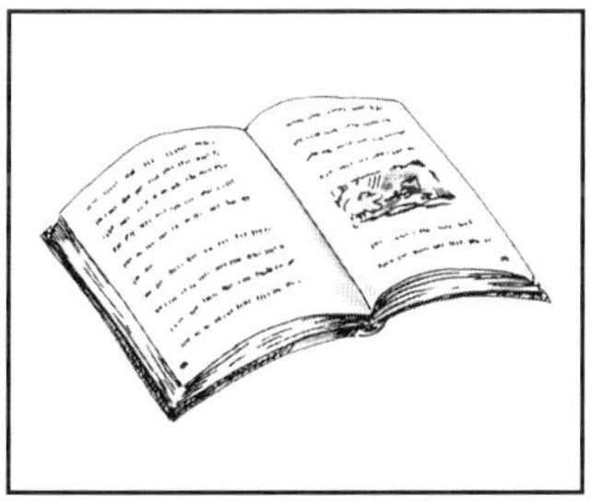
K ☐

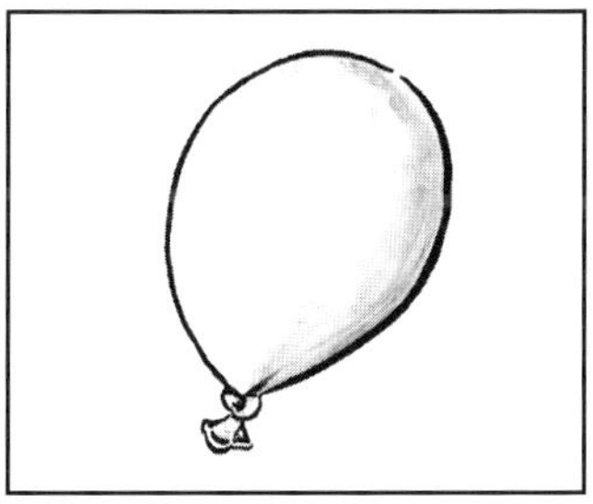
I ☐

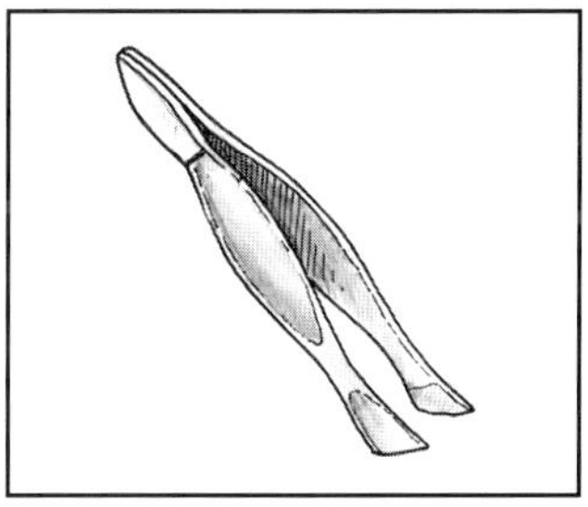
S ☐

Lösungswort: ____ ____ ____ ____ ____

Diese Dinge könnten auch aus Kautschuk bestehen:

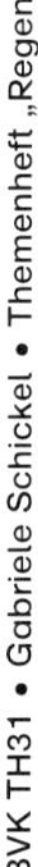

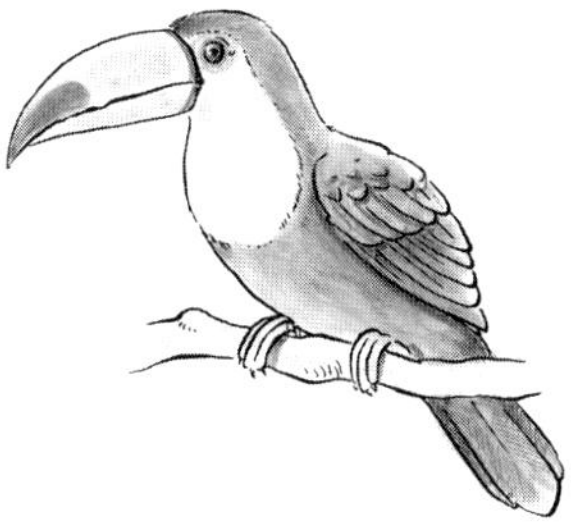

BVK TH31 • Gabriele Schickel • Themenheft „Regenwald“

Medikamente aus dem tropischen Regenwald (1)

Viele Pflanzen aus den tropischen Regenwäldern besitzen eine heilende W____________________ . Daher werden ihre Wirkstoffe für viele M__________________________ benutzt.

Einige Wirkstoffe lernst du nun kennen:

- Im C________________________________ kommt der Wirkstoff Chinin vor. Chinin wirkt gegen die K________________ Malaria.
- Die Pflanze Madagaskar-Immergrün ist sehr giftig. Wenn man jedoch bestimmte S____________ aus ihr herausfiltert, helfen diese bei verschiedenen Krebserkrankungen.
- Schnupfen kann man mit L_______________ , einer Kürbisart, behandeln.
- Bei Problemen mit der Verdauung helfen Wirkstoffe aus der Rinde des B________________________________ .

Bis heute konnte man nur einen Teil der tropischen Pflanzen auf ihre heilende Wirkung hin u_______________________ .

Das liegt daran, dass man viele Pflanzenarten noch überhaupt nicht kennt. Daher ist es so wichtig, dass wir den tropischen Regenwald s__________________ .

Lies den Lückentext durch.

Setze diese Wörter in die passenden Lücken ein:

Wirkung – schützen – untersuchen – Stoffe – Medikamente – Krankheit – Luffa – Bitterholzbaumes – Chinarindenbaum

Löse nun das Kreuzworträtsel auf Arbeitsblatt 2.

BVK TH31 • Gabriele Schickel • Themenheft „Regenwald“

Medikamente aus dem tropischen Regenwald (2)

1. Viele Pflanzen des Regenwaldes besitzen eine ... Wirkung.
2. Welcher Wirkstoff hilft gegen die Krankheit Malaria?
3. Diese Kürbisart wirkt bei Schnupfen.
4. Welche Pflanze hilft bei Problemen mit der Verdauung?
5. Dieser Baum enthält den Wirkstoff Chinin.
6. Aus vielen Pflanzen des tropischen Regenwaldes werden ... hergestellt.
7. Welche Pflanze enthält Stoffe gegen Krebserkrankungen?

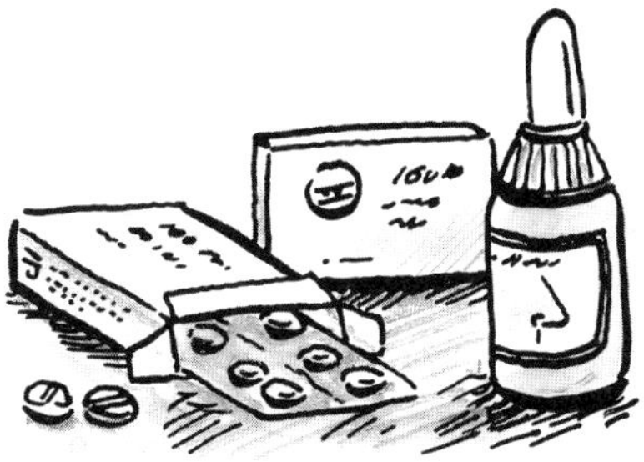

7. ↓ M
3. → L
5. → C
4. ↓ B
6. → M
1. ↓ H
–
2. → C

BVK TH31 • Gabriele Schickel • Themenheft „Regenwald“

Die Hütten der Ureinwohner

Die Ureinwohner der tropischen Regenwälder sind Waldvölker. Sie leben in Gruppen zusammen. Ihre Hütten bauen sie aus dem Material, das sie im Wald finden.

Aus welchen Materialien werden die Hütten gebaut?

1. ______ 2. ______

3. ______ 4. ______

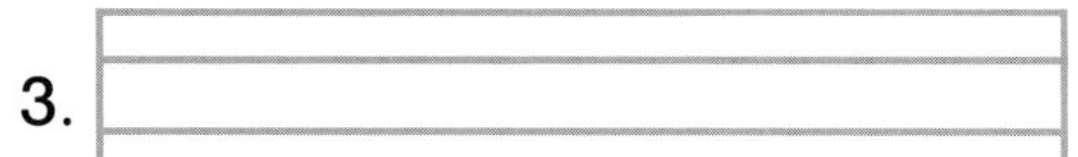

Äs	tern	Holz	nen	Lia	ten	Blät

Aufgaben

Sieh dir die drei Hütten an. Vergleiche sie.
Setze die Silben zusammen. Schreibe auf die Linien, aus welchen Materialien die Hütten gebaut sind.

BVK TH31 • Gabriele Schickel • Themenheft „Regenwald“

Jäger und Sammler (1)

In den tropischen Regenwäldern dieser Erde leben viele unterschiedliche Gruppen von Ureinwohnern. Diese haben einiges gemeinsam. Meistens sind sie Jäger und Sammler. In einigen Dingen unterscheiden sich die Ureinwohner aber auch voneinander.

Die Ureinwohner sammeln das, was sie finden: zum Beispiel Früchte, Honig und Pilze. Zusätzlich gehen sie auf die Jagd.

Die Ureinwohner benutzen unterschiedliche Waffen beim Jagen. Einige Ureinwohner erlegen die Tiere mit Speeren oder Blasrohren. Blasrohre sind große Rohre aus Holz, aus denen giftige Pfeile herausgeblasen werden.
Manche Ureinwohner nutzen aber auch Pfeil und Bogen, eine Axt oder ein Netz. Einige sind auch geschickte Fallensteller. Ihre Fallen bestehen zum Teil aus Pflanzen, die sie zu Schlingen zusammenbinden.

Häufig dienen ihre Waffen auch als Werkzeuge. Mit Äxten und Buschmessern spalten die Ureinwohner Äste oder andere Naturstoffe. Daraus bauen sie ihre Hütten. Außerdem bahnen sie sich mit den Buschmessern einen Weg durch den dichten Wald.

Aufgaben

 Lies den Text gut durch.
Finde das, was die Ureinwohner sammeln, waagerecht → und senkrecht ↓ im Suchsel. Die Bilder helfen dir dabei.
Überlege mit deinem Partner: Was sammeln **wir** in Wiesen und Wäldern? Schreibt es auf.
Male bei den Waffen das passende Wort und Bild in der gleichen Farbe an. Benutze acht unterschiedliche Farben.

Jäger und Sammler (2)

Das sammeln die Ureinwohner:

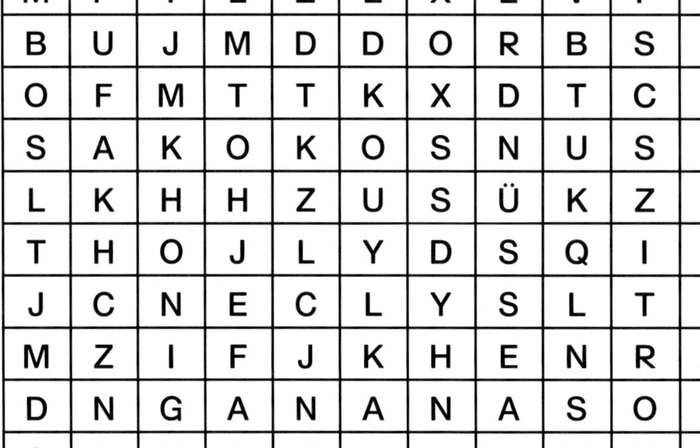

M	R	X	J	H	H	D	N	F	P	J	W
M	P	I	L	Z	E	X	E	V	F	Y	B
B	U	J	M	D	D	O	R	B	S	N	B
O	F	M	T	T	K	X	D	T	C	Q	A
S	A	K	O	K	O	S	N	U	S	S	N
L	K	H	H	Z	U	S	Ü	K	Z	O	A
T	H	O	J	L	Y	D	S	Q	I	R	N
J	C	N	E	C	L	Y	S	L	T	S	E
M	Z	I	F	J	K	H	E	N	R	Z	N
D	N	G	A	N	A	N	A	S	O	E	Z
O	X	R	L	T	B	T	L	M	N	E	F
I	U	B	N	O	R	A	N	G	E	T	U

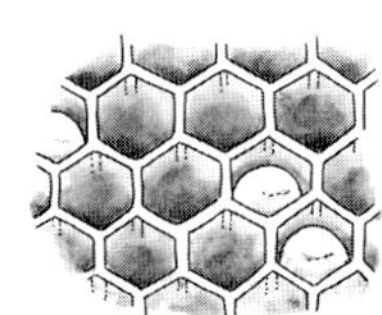

Was sammeln wir in Wiesen und Wäldern?

____

____

Diese Waffen benutzen die Ureinwohner:

Blasrohr	Bogen
Speer	Pfeil
Netz	Axt
Falle	Buschmesser

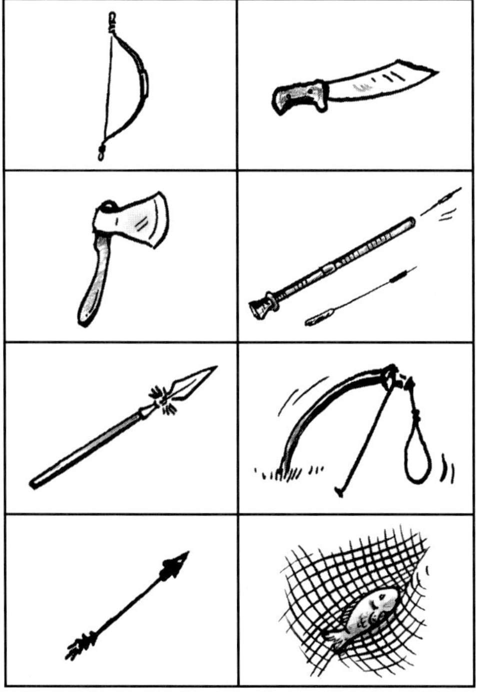

BVK TH31 • Gabriele Schickel • Themenheft „Regenwald“

Wie leben die Penan? (1)

Auf der Insel Borneo leben die Penan im tropischen Regenwald. Sie sind die Ureinwohner des Waldes.
Die Penan leben meist in einer kleinen Gruppe mit einigen Familien zusammen. Der Regenwald ist für sie überlebenswichtig. Er gibt ihnen alles, was sie zum Leben brauchen.
Auf der Suche nach Nahrung und einem geeigneten Ort für ihre Hütten, ziehen die Penan durch den tropischen Regenwald. Haben sie einen guten Platz gefunden, bauen sie dort ihre Hütten auf. Diese sehen aus wie Holzgerüste und stehen auf Stelzen. Wände besitzen die Hütten nicht. Aber sie haben ein Dach aus Palmblättern. Meist bauen die Penan ihre Hütten neben bestimmten Palmen, den Sagopalmen. Die Zweige benutzen sie zum Bau der Hütten. Die Penan wohnen nicht ständig an einem festen Ort. Nach einigen Monaten verlassen sie ihre Hütten und ziehen weiter.

Die Penan sind Fischer, Jäger und Sammler. Die Männer jagen in den Wäldern Affen, Eidechsen, Vögel und Wildschweine. Ihre Beute wird mit giftigen Pfeilen erlegt. Diese pusten die Penan aus Blasrohren.
Die Frauen sammeln Früchte. Außerdem stellen sie aus den Sagopalmen Sagomehl her. Dieses Mehl ist für die Penan so wichtig wie für uns das Brot.

Die meisten Kinder der Penan können nicht lesen. Dafür lernen sie im tropischen Regenwald viele andere Dinge: wie man jagt, fischt, Früchte sammelt, Hütten baut und vieles mehr. Außerdem lernen sie, welche Pflanzen giftig sind und welche als Heilpflanzen genutzt werden können.

Aufgaben

 Lies den Text durch.

Male auf Arbeitsblatt 2 nur die Steine an, in denen etwas über das Leben der Penan steht.
Wenn du alles richtig angemalt hast, ergeben die Buchstaben ein Lösungswort. Schreibe es auf die Linien.

BVK TH31 • Gabriele Schickel • Themenheft „Regenwald"

Wie leben die Penan? (2)

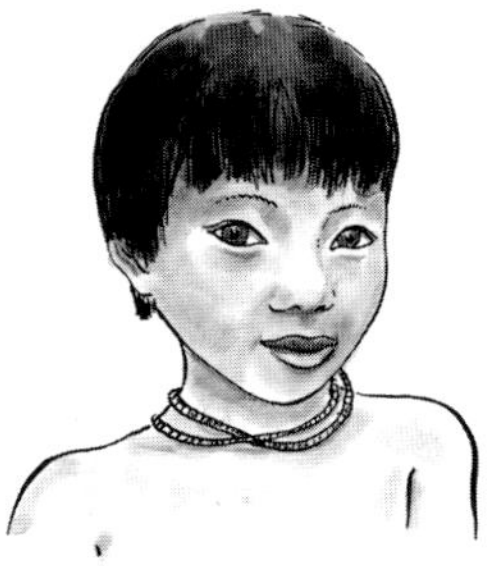

(U) Sie leben in einer kleinen Gruppe zusammen.

(B) Sie leben in einer Stadt.

(R) Die Penan bauen Hütten aus Holz und Palmblättern.

(E) Die Männer jagen im Wald.

(I) Die Frauen sammeln Früchte.

(C) Die Penan kaufen Lebensmittel ein.

(S) Sie spielen und arbeiten am Computer.

(N) Die meisten Kinder der Penan können nicht lesen.

(W) Die Hütten der Penan stehen auf Stelzen.

(O) Die Penan sind Fischer.

(H) Sie verlassen ihre Hütten und ziehen weiter.

(N) Die Männer jagen Wildschweine.

(T) Die Penan fahren Fahrrad.

(A) Sie arbeiten in einer Firma.

(E) Die Penan jagen mit Blasrohren.

(F) Sie verreisen in andere Länder.

(R) Ein wichtiges Nahrungsmittel ist das Sagomehl.

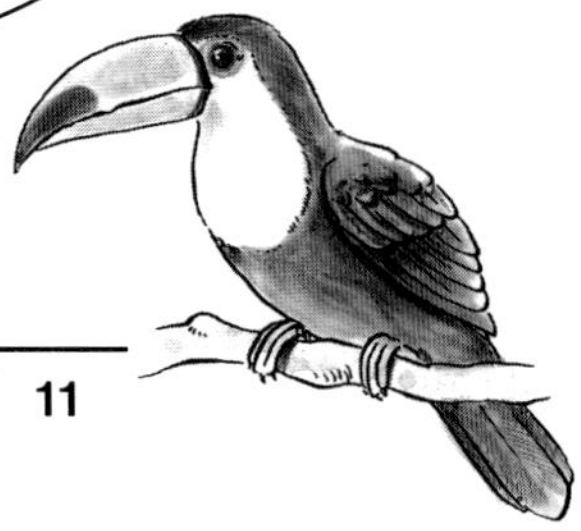

Lösungswort: ___ ___ ___ ___ ___ ___ ___ ___ ___ ___ ___
1 2 3 4 5 6 7 8 9 10 11

Domino: Wofür wird der Regenwald abgeholzt?

Aufgabe

Schneide die Domino-Teile aus. Klebe das Domino in der richtigen Reihenfolge auf ein Blatt.

START: Wofür wird der tropische Regenwald abgeholzt?	Liegestuhl
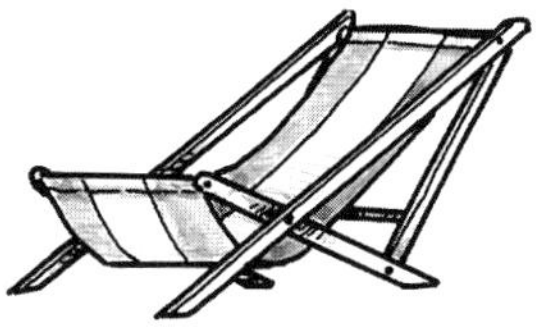	Fenster
	Tisch
	Schrank
	Papier

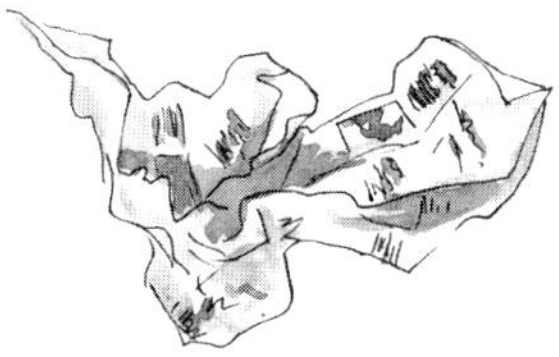	Kleiderbügel
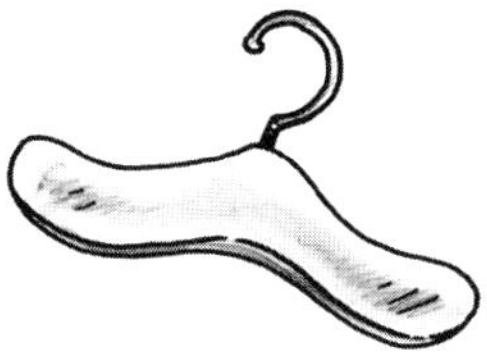	Weidefläche
	Streichhölzer
	**ENDE**

BVK TH31 • Gabriele Schickel • Themenheft „Regenwald“

Vom Urwaldriesen zum Möbelstück (1)

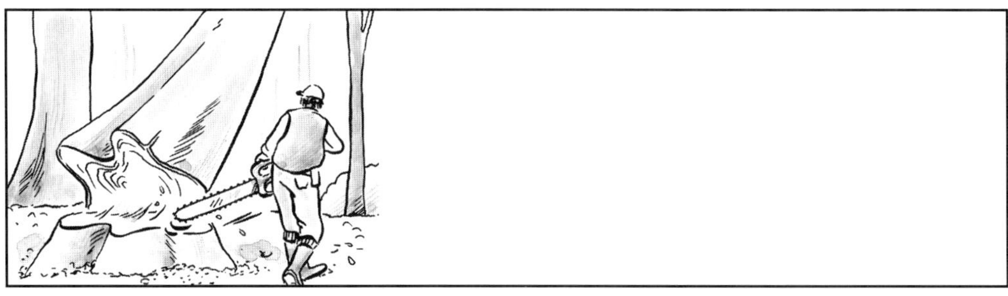

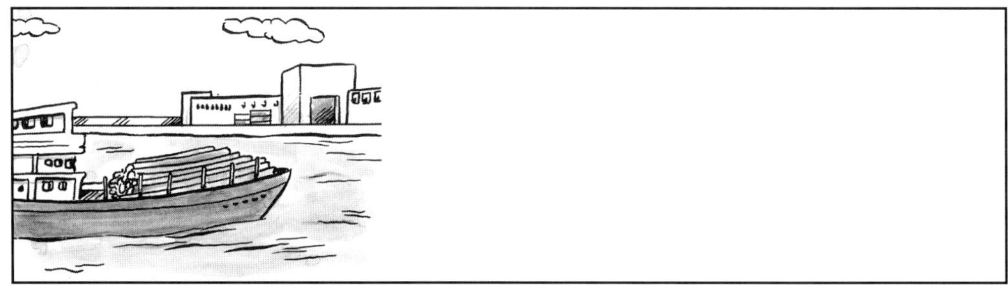

BVK TH31 • Gabriele Schickel • Themenheft „Regenwald“

Vom Urwaldriesen zum Möbelstück (2)

Aufgaben

 Lies die Texte durch.

 Schneide die Textstreifen ordentlich aus und klebe sie neben die passenden Bilder auf Arbeitsblatt 1.

Im tropischen Regenwald werden Regenwaldbäume mit der Motorsäge gefällt.

In großen Fabriken werden aus den Baumstämmen Möbelstücke hergestellt. Schon bald ist aus einem Baumstamm ein neuer Tisch entstanden.

Die Lastwagen bringen die Baumstämme zu Häfen. Dort werden sie auf große Schiffe verladen.

Der Tisch wird in ein Möbelhaus gebracht und dort verkauft.

Die Baumstämme werden von Lastwagen abtransportiert.

Die Schiffe transportieren die Baumstämme nach Europa. Sie müssen dazu einen weiten Weg auf dem Meer zurücklegen. Schließlich erreichen sie einen europäischen Hafen.

Warum wird der tropische Regenwald zerstört? (1)

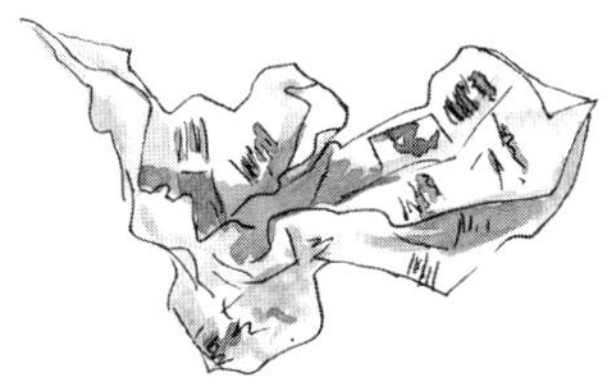

Im tropischen Regenwald wachsen Bäume, die sehr gutes Holz besitzen. Es wird Tropenholz genannt. Daraus werden zum Beispiel Möbelstücke und Papier hergestellt.

Um dieses wertvolle Tropenholz zu bekommen, muss man tief in den Regenwald eindringen. Dafür werden Straßen durch den Regenwald gebaut. Viele andere Bäume werden dafür abgeholzt oder durch umfallende Bäume niedergerissen.
Durch die entstandenen Straßen können auch Bauern in den Regenwald vordringen. Sie nutzen den Regenwald für ihre Ackerflächen. Dazu brennen sie einen Teil des Regenwaldes ab. Man nennt dies *Brandrodung.*

Oft entstehen auch riesige Plantagen, auf denen beispielsweise Soja angebaut wird. Die Plantagenbesitzer verkaufen das Soja in andere Länder, auch zu uns nach Deutschland. Hier wird es als Futtermittel für Nutztiere wie Schafe und Rinder verwendet.

Die neuen Wege in den tropischen Regenwald locken auch Menschen an, die nach Bodenschätzen suchen. Dazu gehören beispielsweise Erdöl, Gold und Diamanten. Diese Menschen siedeln sich nun im Regenwald an. Es entstehen kleine Dörfer.

Wenn die Menschen alle Bäume abgeholzt haben und keine Bodenschätze mehr finden können, ziehen sie noch tiefer in den tropischen Regenwald hinein.

Aufgaben

 Lies den Text in Ruhe durch.

Löse nun die Aufgaben auf Arbeitsblatt 2.

Hast du eine Idee, wie du den Regenwald schützen kannst?
Schreibe sie in dein Heft.

BVK TH31 • Gabriele Schickel • Themenheft „Regenwald“

Warum wird der tropische Regenwald zerstört? (2)

1. Nenne zwei Dinge, die aus Tropenholz hergestellt werden.

___

___

2. Was wird gebaut, damit man tiefer in den Regenwald eindringen kann?

___

3. Warum wird ein Teil des Regenwaldes abgebrannt?

___

___

4. Welches Futtermittel für Tiere wird hier angebaut?

___

5. Nenne drei Bodenschätze, nach denen die Menschen im Regenwald suchen.

___

6. Was passiert, wenn die Bäume gefällt sind und keine Bodenschätze mehr in dem Gebiet zu finden sind?

___

___

___

___

___

Lotto mit Tieren aus dem Regenwald – Lottotafel (1)

Aufgabe

Suche dir einen Spielpartner. Jeder Spieler hat eine Lottotafel und die Lottokarten vor sich. ✂ Schneidet die Lottokarten aus. Jeder legt seine Karten in einem Stapel verdeckt auf den Tisch.
Dreht nun immer gleichzeitig jeder eine Karte um. Wer zuerst den Tiernamen auf seiner Karte richtig vorliest, darf die Karte auf die richtige Stelle in seiner Lottotafel legen. Der andere Spieler muss seine Karte wieder unter den Stapel legen. Sieger ist, wer zuerst eine volle Lottotafel hat.

BVK TH31 • Gabriele Schickel • Themenheft „Regenwald“

Lotto mit Tieren aus dem Regenwald – Lottokarten (2)

Jaguar	Harpyie	Krokodil
Faultier	Tapir	Kolibri
Gleithörnchen	Vogelspinne	Leguan
Tukan	Orang-Utan	Wanderameise

BVK TH31 • Gabriele Schickel • Themenheft „Regenwald“

Regenwald-Wörter

Nomen (Namenwörter)	**Verben** (Tuwörter)	**Adjektive** (Wiewörter)

FRÜCHTE BUNT REGNEN RIESIG

LIANE GIFTIG ZERSTÖREN

KLETTERN ABHOLZEN

JAGEN

GEFÄHRLICH

BUSCHMESSER WICHTIG

GRÜN

JAGUAR DUNKEL SCHÜTZEN

GEWITTER WACHSEN

KOKOSNUSS

UREINWOHNER FLIEGEN

REGENWALD WARM

Aufgaben

Hier findest du acht Nomen (Namenwörter), acht Verben (Tuwörter) und acht Adjektive (Wiewörter).

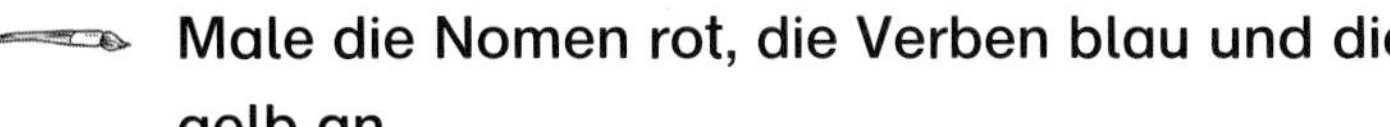

Male die Nomen rot, die Verben blau und die Adjektive gelb an.

Schreibe die Wörter in die richtige Spalte der Tabelle. Achte auf die richtige Groß- und Kleinschreibung!

BVK TH31 • Gabriele Schickel • Themenheft „Regenwald“

Tukan-Rechenrätsel

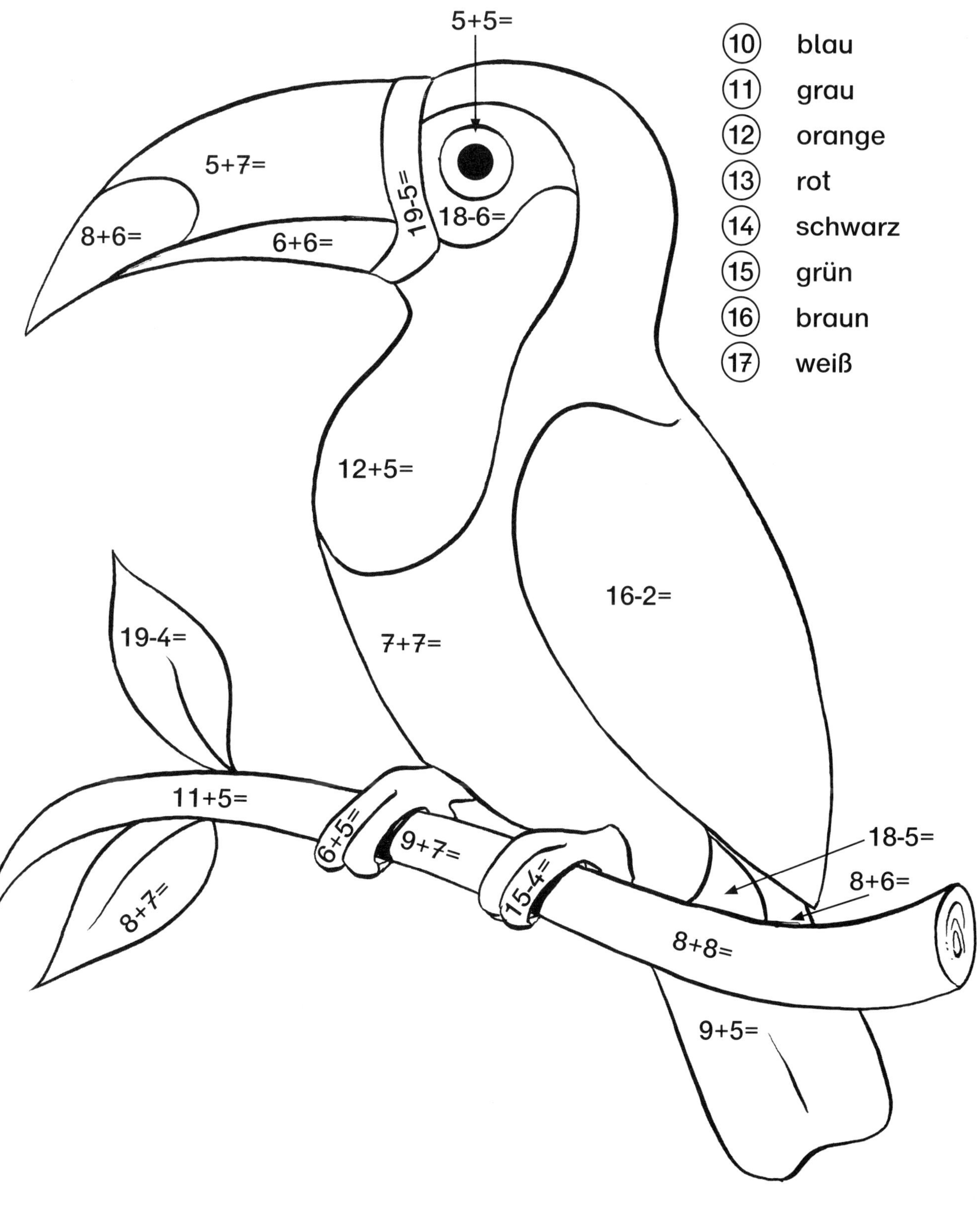

(10)	blau
(11)	grau
(12)	orange
(13)	rot
(14)	schwarz
(15)	grün
(16)	braun
(17)	weiß

Aufgaben

Löse die Rechenaufgaben.

Male nun den Tukan in den richtigen Farben an.

Sachaufgaben aus dem tropischen Regenwald – Klasse 1

1. Auf dem Ast eines Regenwaldbaumes ruhen sich zwölf Vögel aus. Nach kurzer Zeit fliegen neun Vögel davon. Wie viele Vögel sitzen noch auf dem Ast?

2. Elf Krokodile sonnen sich am Flussufer. Doch schon bald gehen vier von ihnen ins Wasser. Wie viele Krokodile liegen noch am Flussufer?

3. Eine Vogelspinne hat acht Beine. Wie viele Beine haben zwei Vogelspinnen?

4. Eine Orchidee hat zwölf Blüten. Über Nacht verliert sie fünf davon. Wie viele Blüten besitzt die Orchidee am nächsten Tag?

5. Sieben Ameisen tragen gemeinsam ein großes Blatt zum Ameisenhügel. Auf dem Weg dorthin stoßen noch sechs Ameisen hinzu und helfen beim Tragen. Wie viele Ameisen tragen jetzt das große Blatt?

6. Ein Tukan frisst an einem Tag acht kleine Früchte. Am nächsten Tag frisst er sieben kleine Früchte. Wie viele Früchte hat er an beiden Tagen zusammen gefressen?

Aufgaben

Lies die Sachaufgaben durch.

Schreibe die Rechenaufgaben und ihre Ergebnisse in die Kästchen.

BVK TH31 • Gabriele Schickel • Themenheft „Regenwald“

Sachaufgaben aus dem tropischen Regenwald – Klasse 2

1. Es ist Blütezeit bei den Orchideen. Am ersten Tag blühen 34 Orchideen. Einen Tag später blühen 47 Orchideen mehr. Wie viele Orchideen blühen insgesamt?

2. An einer Bananenstaude hängen 35 Bananen. Sieben Affen teilen sich die Bananen. Jeder Affe erhält gleich viele davon. Wie viele Bananen bekommt jeder Affe?

3. Ein Faultier schläft 10 Stunden am Tag. Wie viele Stunden schläft es an zwei Tagen?

4. Auf einem Baum sitzen 64 Papageien. Durch einen lauten Knall aufgeschreckt fliegen 45 Papageien davon.
   a) Wie viele Papageien bleiben auf dem Baum sitzen?

   b) Nur wenige Minuten später kommen 15 Papageien wieder zurück. Wie viele Vögel sitzen nun auf dem Baum?

5. Ein Ureinwohner fängt jeden Tag neun Fische im Fluss. Wie viele Fische hat er nach sieben Tagen?

Aufgaben

Lies die Sachaufgaben durch.

Schreibe die Rechenaufgaben und ihre Ergebnisse in die Kästchen.

Der tropische Regenwald wird zerstört

Regenwaldbäume werden gefällt. Was bedeutet das für die Tiere und Ureinwohner, die dort leben?

Aufgaben

Sieh dir das Bild an. Erzähle.
Überlege gemeinsam mit einem Partner, was das Abholzen des Regenwaldes für die Tiere und Ureinwohner bedeutet.
Schreibt es auf die Linien.

So schütze ich den tropischen Regenwald

Jeder kann etwas zum Schutz des Regenwaldes tun. Besonders für Papier und Holz werden viele Regenwaldbäume gefällt. Deswegen hilft es zum Beispiel schon, wenn du sparsam mit Papier umgehst.
Außerdem wird viel Regenwald für Weideflächen abgeholzt.
Hier findest du einige Tipps, wie du den Regenwald schützen kannst.

von | beiden | Schreibpapier. | meinem | schreibe | Ich | auf | Seiten

____

____

benutze | Ich | Papier (Recyclingpapier). | wiederverwertetes

____

____

Papiermülltonne. | Ich | Altpapier | die | in | gebe

____

____

Tropenholz. | keine | kaufe | Ich | Gegenstände | aus

____

____

Aufgabe

Schreibe die Schüttelsätze richtig auf die Linien.

Wie entsteht eigentlich Schokolade? (1)

Aufgabe

Schneide die Sätze und die Bilder aus. Ordne sie einander zu und klebe sie in der richtigen Reihenfolge auf zwei Blätter Papier.

1. Der Kakaobaum wächst im tropischen Regenwald. Er hat sehr große Früchte.	2. Wenn man eine Frucht öffnet, sieht man das Fruchtfleisch und die Samen. Die Samen sind die Kakaobohnen.
3. Die Kakaobohnen und das Fruchtfleisch werden zum Gären zwischen große Blätter gelegt.	4. Dann werden die Kakaobohnen in der Sonne getrocknet.
5. Schiffe bringen die Kakaobohnen in andere Länder.	6. Nun werden die Kakaobohnen gereinigt und geröstet. Ihre Schalen werden entfernt.
7. Das Innere der Kakaobohnen wird zu einer dunklen Kakaomasse zermahlen.	8. Diese Masse wird mit Zucker vermischt und gut verrührt.
9. Der Kakaobrei wird in Formen gefüllt. Er kühlt nun ab.	10. Fertig ist die Tafel Schokolade.

Wie entsteht eigentlich Schokolade? (2)

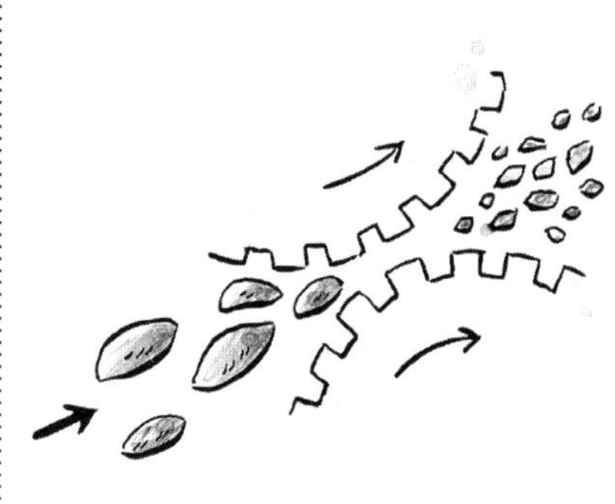

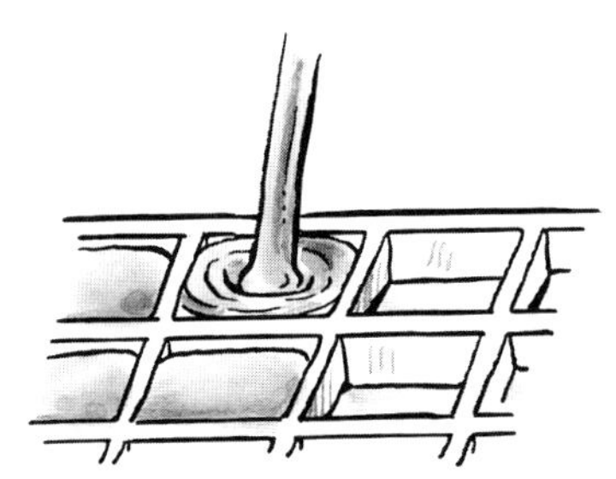

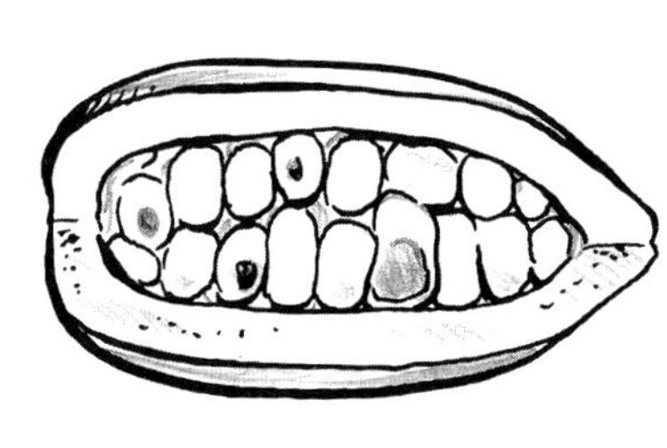

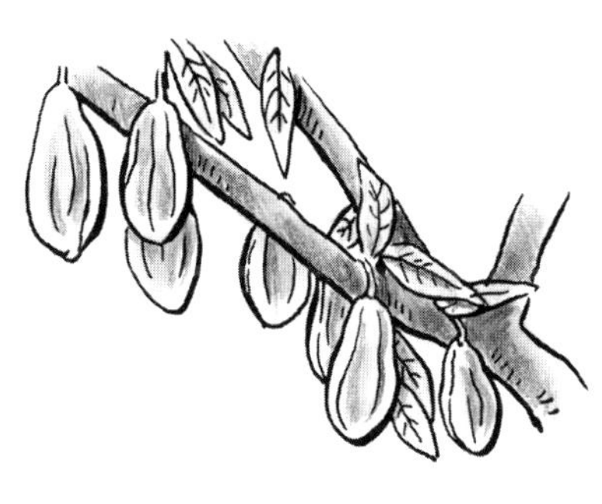

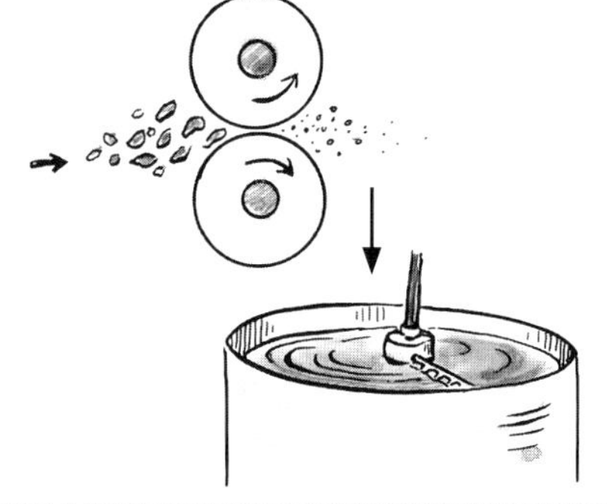

Wir basteln ein Indianerarmband

Die Indianer der tropischen Regenwälder in Südamerika stellen sich ihren Schmuck selbst her. Sie benutzen dazu meist verschiedene Pflanzensamen mit unterschiedlichen Farben. Heute basteln wir auch Indianerschmuck. Dazu benutzen wir aber Holzperlen.

Du brauchst:
- 3 rote, 3 gelbe und 3 orangefarbene Holzperlen
- ein Lederband
- ein Schälchen für deine Perlen

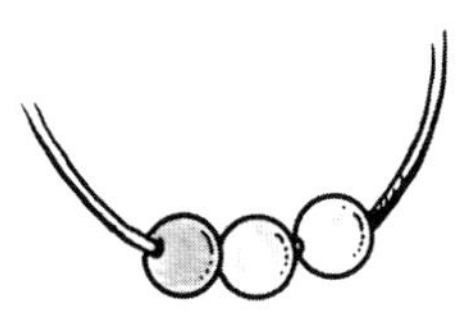

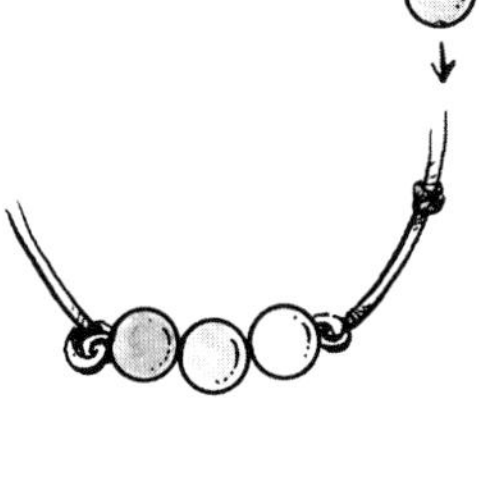

So geht es:
1. Ziehe auf dein Lederband jeweils eine rote, eine gelbe und eine orangefarbene Holzperle. Schiebe sie nun in die Mitte des Bandes.
2. Mache hinter den beiden äußeren Perlen jeweils einen Knoten, sodass die Perlen nun nicht mehr vom Band fallen können.
3. 
Knote etwa in einem Zentimeter Abstand auf beiden Seiten das Band noch einmal.
4. Ziehe nun erneut eine rote, eine gelbe und eine orangefarbene Perle auf das Lederband.
5. 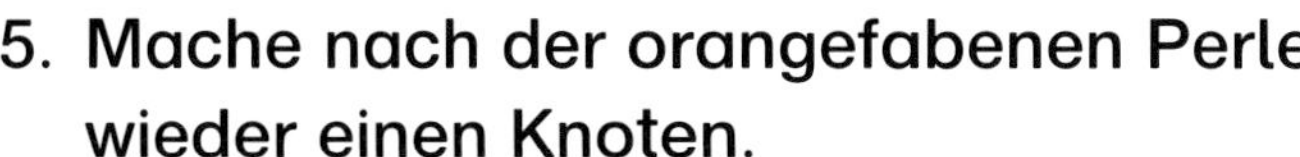
Mache nach der orangefabenen Perle wieder einen Knoten.
6. Wiederhole dies auf der anderen Seite, beginne nun mit der gelben Perle.
7. Dein Indianerarmband ist jetzt fertig. Lege es um dein Handgelenk und lasse dir die beiden Enden zusammenbinden.

BVK TH31 • Gabriele Schickel • Themenheft „Regenwald“

Was hast du behalten? – Klasse 1

Name: ______________________________ Datum: ________________

1. Diese Früchte gibt es im Regenwald.
   Verbinde die Bilder mit den passenden Wörtern.

Paprika	Erdnuss	Ananas	Kokosnuss	Mais	Orange

2. Notiere die Namen dieser Tiere.

A e f f

T a k n u

J u a g r a

P a a g e p i

3. Richtig oder falsch? Kreuze an.

	richtig	falsch
a) Der Regenwald besitzt fünf Stockwerke.	☐	☐
b) Die Hütten der Ureinwohner werden aus Plastik gebaut.	☐	☐
c) Der Regenwald wird abgeholzt, um zum Beispiel daraus Papier herzustellen.	☐	☐

4. Welches Satzende passt? Schreibe es auf.

Das Wetter im tropischen Regenwald ...

ist fast jeden Tag gleich.	ist jeden Tag unterschiedlich.

BVK TH31 • Gabriele Schickel • Themenheft „Regenwald“

Was hast du behalten? – Klasse 2

Name: ______________________ Datum: ______________

1. Wie heißen die fünf Stockwerke des tropischen Regenwaldes?
Schreibe auf.

____

____

____

____

____

2. Nenne einige Tiere, die im tropischen Regenwald leben.

____

____

3. Was kommt aus dem tropischen Regenwald? Kreuze an.

☐ viele Früchte wie Bananen und Orangen
☐ Bodenschätze wie z. B. Gold
☐ die Wirkstoffe für viele Medikamente
☐ Getreide wie Gerste und Roggen
☐ Milch
☐ Ziegelsteine
☐ Holz
☐ Kautschuk

4. Male die passenden Satzanfänge und Satzenden mit derselben Farbe an. Benutze vier unterschiedliche Farben.

Die Tiere ...	... sammeln Früchte und jagen Tiere.
Einen Wechsel der Jahreszeiten, wie wir ihn kennen, ...	... sind zum Beispiel die Würgefeige und die Orchidee.
Viele Ureinwohner des tropischen Regenwaldes ...	... sind gut an das Leben im tropischen Regenwald angepasst.
Aufsitzerpflanzen ...	... gibt es im tropischen Regenwald nicht.

BVK TH31 • Gabriele Schickel • Themenheft „Regenwald"

Lösungen

zu S. 13: „Wie heißen die Stockwerke des tropischen Regenwaldes?“

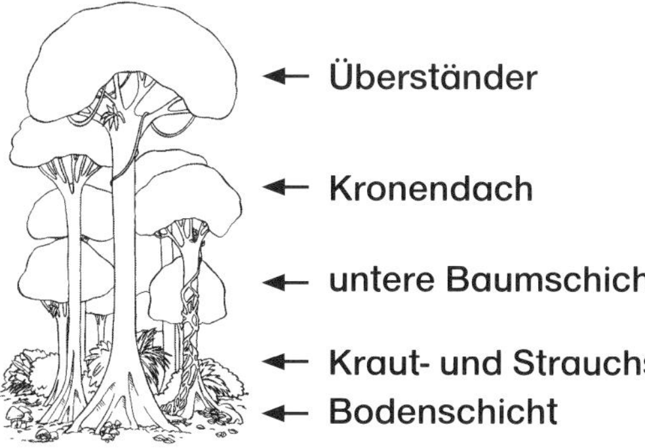

zu S. 14: „Leben in den Stockwerken“
Lösungswort: LIANE

zu S. 15: „Was für ein Wetter!“

zu S. 19: „Wie heißen die Pflanzen?“

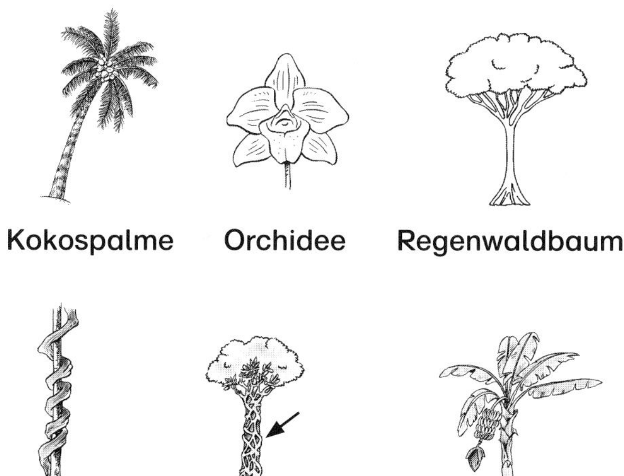

zu S. 20: „Baum-Puzzles“
Lösungswort: BAUMRIESE

zu S. 22: „Regenwaldbäume und Aufsitzerpflanzen“
Lösungswort: ORCHIDEE

zu S. 23: „Welche Tiere leben im tropischen Regenwald?“

zu S. 28: „Der Orang-Utan“

a) Der Orang-Utan lebt hauptsächlich auf den Bäumen. Er braucht die langen Arme, um sich von Ast zu Ast zu schwingen.

b) Mit seinen Greifhänden und -füßen kann er gut klettern und sich sicher auf den Ästen bewegen.

zu S. 30: „Was frisst der Tukan?“
Die Feinde des Tukans: MENSCH, GREIFVÖGEL, MARDER

zu S. 37: „Der Kautschukbaum – Gummi aus dem tropischen Regenwald“
Lösungswort: GUMMI

BVK TH31 • Gabriele Schickel • Themenheft „Regenwald“

Lösungen

zu S. 38 / 39: „Medikamente aus dem tropischen Regenwald“

Viele Pflanzen aus den tropischen Regenwäldern besitzen eine heilende **Wirkung**. Daher werden ihre Wirkstoffe für viele **Medikamente** benutzt. Einige Wirkstoffe lernst du nun kennen: Im **Chinarindenbaum** kommt der Wirkstoff Chinin vor. Chinin wirkt gegen die **Krankheit** Malaria. Die Pflanze Madagaskar-Immergrün ist sehr giftig. Wenn man jedoch bestimmte **Stoffe** aus ihr herausfiltert, helfen diese bei bestimmten Krebserkrankungen. Schnupfen kann man mit **Luffa,** einer Kürbisart, behandeln. Bei Problemen mit der Verdauung helfen Wirkstoffe aus der Rinde des **Bitterholzbaumes.** Bis heute konnte man nur einen Teil der tropischen Pflanzen auf ihre heilende Wirkung hin **untersuchen.** Das liegt daran, dass man viele Pflanzenarten noch überhaupt nicht kennt. Daher ist es so wichtig, dass wir den tropischen Regenwald **schützen.**

					7. ↓										
					M										
3.→	L	U	F	F	A										
					D										
5.→	C	H	I	N	A	R	I	N	D	E	N	B	A	U	M
					G					4. ↓					
					A					B					
					S					I					
6.→	M	E	D	I	K	A	M	E	N	T	E				
					A		1. ↓			T					
					R		H			E					
					–		E			R					
			2.→ C	H	I	N	I	N		H					
					M		L			O					
					M		E			L					
					E		N			Z					
					R		D			B					
					G		E			A					
					R					U					
					Ü					M					
					N										

zu S. 42: „Jäger und Sammler“

	P	I	L	Z	E		E				
							R				B
							D				A
		K	O	K	O	S	N	U	S	S	N
		H					Ü		Z		A
		O					S		I		N
		N					S		T		E
		I					E		R		N
		G	A	N	A	N	A	S	O		
									N		
				O	R	A	N	G	E		

zu S. 43 / 44: „Wie leben die Penan?“
Lösungswort: UREINWOHNER

zu S. 54: „Sachaufgaben aus dem tropischen Regenwald – Klasse 1“

1. 3 Vögel
2. 7 Krokodile
3. 16 Beine
4. 7 Blüten
5. 13 Ameisen
6. 15 Früchte

zu S. 55: „Sachaufgaben aus dem tropischen Regenwald – Klasse 2“

1. 81 Orchideen
2. 5 Bananen
3. 20 Stunden
4. a) 19 Papageien
   b) 34 Papageien
5. 63 Fische

BVK TH31 • Gabriele Schickel • Themenheft „Regenwald“